earth
music & ecology



图解服务的细节

023

# 女装经营圣经

アース ミュージック＆エコロジーの経営学

【日】石川康晴 著　【日】Nikkei Top Leader 编
李斌瑛 译

人民东方出版传媒
People's Oriental Publishing & Media
東方出版社
The Oriental Press

CONTENTS

# 目　　录

C O N T E N T S

# 目　　录

C O N T E N T S

# 目　录

# 前　言

Cross Company 是 1994 年我在故乡冈山创办的公司，创业初期只是一家仅有 4 坪、相当于 13.2 平方米的精品店。1970 年出生的我，创业时刚刚 23 岁。

1999 年公司转型为服装 SPA（生产零售业），以此为契机，业绩获得了大幅提升。从 2003 年到 2012 年的十年间，销售额翻了大约 22 番。截至创业 20 周年的 2014 年 1 月，预计集团旗下的销售总额能突破 1000 亿日元的大关。

Cross Company 在日本共有大约 600 家店铺，约 2600 名社员。现在正以亚洲为中心向全球发展业务。

## 我们并不是只依靠电视广告而发展的公司

如今，我已经四十几岁了，但就这种规模的创业经营者来说还算是比较年轻的。

或许有人没有听说过我们公司的名称，但应该听说过公司旗下面向青年女性的休闲品牌“earth music & ecology”。

该品牌的电视广告由宫崎葵小姐出演，这让品牌粉丝以外的更多人也知道了我们。如今该品牌顺利成长为我们公司的主打品牌，并且在青年休闲服装这一领域的销售额达到了日本第一。

正因为如此，本书的读者中或许有人会认为“Cross Company是依靠电视广告轰炸来销售商品的公司吧”。诚然，电视广告的确给我们带来了各种各样的成效，我也认识一些人持有这种看法。

但是，电视里每天都在播放无数的广告。默默无闻的地方公司想通过在电视中播放广告就能提高销售额是不现实的，商业的世界没有那么简单。在创业途中历经各色风景的我对这一点尤其了解。

## 失败需要反省，成功亦需要反省

本书记载了我自创业以来所思考过的各种经营问题，以及为了解决这些问题而采取的战略规划。其中包括许多从未向公司外部公开过的内容，比如说通过电视广告与其他战略相结合提高绩效等等。

本书所介绍的战略规划或是通过我自己学习经营学，或是通过各种企业的案例研究，又或是与学者或经营者谈话时得到启发，采取适合自己公司的形式积累而成的。每每公司里出现课题时，我都会考虑战略规划，但我所做出的努力并不仅仅限于此。

我认为在事业顺利发展时也需要仔细地反省。通向成功的努力中必然存在着相应的课题，我们绝不能忽视这一点。失败需要反省，成功亦需要反省。我想这种不断的反省工作正是 Cross Company 成长的原动力。

在本书中，我与日经 BP 社的经营类杂志《日经 Top Leader》编辑部共同归纳总结了 Cross Company 的发展轨迹。记载的内容是 2013 年 11 月时的情况。

今后，我将继续与社员们共同努力、迎接挑战，不断收获新的成果。

CROSS COMPANY INC. 社长 石川康晴

# 推荐语

## 外企要有取之中国用之中国的精神

### ——访株式会社 Cross Company 社长石川康晴

2012 年 9 月，日本民主党野田佳彦政权用“购买”钓鱼岛的形式对其实现了所谓的“国有化”。一石激起千层浪。中国各地爆发了声势浩大的反日游行，许多在华日企也因此遭到损失。许多日籍老板和员工纷纷撤离，还有一些企业考虑外迁。就在此时，一位年轻的日本企业家——株式会社 Cross Company 社长石川康晴，闻讯从日本赶到中国，告诉在那里的日本员工：“你们可以先回到日本躲避一下风头，我留下来看守。这种风波是暂时的，我们不能因此失去对中国的信任，对日中关系一定要能够看长远、看大局……”令人难以置信的是，就在2012年激荡的9月，石川康晴果断地在中国又推出了7家新的服装销售店。

近日，我走访了这位日本服装行业风头正劲的新领头人——石川康晴。

## 中国中等阶层的购买力会越来越强

**蒋丰：**不到20年的时间，贵公司就在日本国内开设了500多家店铺，您本人也被日本媒体誉为服装行业的新领头人。我想了解一下，您后来为什么选择进军中国市场呢?

**石川康晴：**眼下，日本的服装销售市场正在不断萎缩。造成市场萎缩的原因主要有两方面：一方面是日本少子化问题的加剧；另一方面是日本百货行业利润下滑严重。因此，在日本国内做服装销售，很有点“僧多肉少”的感觉。

反过来看中国，中国国内生产总值的增长率达到8%，市场还在进一步扩大。一些日本服装企业看中了中国的富裕阶层，把他们锁定为客户，我们自认为中国的中等阶层可以形成一个广阔的市场，应该把他们确定为企业的客户。因此，我们决定进军中国市场。

我注意到，中国的新领导人习近平主席最近提出，到2020年要让国民收入翻两番。因此，在未来的十年，中国中等阶层的收入还会上升，他们的购买力也会越来越强。中国市场的魅力是无限的。

## 四年内要在中国开两百家店

**蒋丰：**2012年9月，中国发生了大规模的反日游行和抵制日货行动，此后有不少日本企业都决定不再把事业重心集中放在中国。而您的公司却“逆风而上”，在中国的上海、北京、武汉等地不断有新店开张。您没有什么担心吗？对中国的未来发展是如何展望的？

**石川康晴：**2012年9月的确是很严峻的一个月。由于政治原因，无论是中国市场还是日本市场都变得比较混乱。但也就是在这个月内，我们又在成都、北京、武汉、重庆、苏州相继开了7家新店。

据我了解，当时有很多日本实业家都选择回到日本，而且日本国内也都呼吁他们回来，担心他们在反日游行中受伤害。当时，我特地从日本赶到中国。我认为越是这样的时期，越要用自己的眼睛去观察、用自己的头脑去分析，这样才能把握真实的市场行情。日本媒体在报道中国消息的时候，往往夸大中国不好的一面。中国媒体在报道日本消息的时候，也难免会有这样的倾向。因此我就更注重用自己的眼睛观察，而不是受媒体舆论左右。

2012 年 9 月中下旬，我们在中国内地抽选了二十多名常客进行调查。她们的年龄都在 25 岁到 29 岁之间。我问大家，“你们今后还会不会购买日本产品呢?”她们纷纷表示：“我们没办法排斥哆啦 A 梦，也没办法排斥寿司，当然也不会排斥日本的时装。”我接着问：“那么你们的父母也和你们一样吗?”她们告诉我：“不一样。我们的父母今后可能再也不买日本产的车和电器。”

通过调查我了解到，我们在中国的主要顾客群，也就是 20 多岁到 30 多岁的年轻消费者们，是不会因政治原因而抵制日本时装的。这也成为我们今后发展战略的基础依据。做完调查，我又进行数字上的确认。9 月新开张的北京店在 16 号那天，就达到了月预计销售额，新开张的上海店更是在 9

月末就达到了年预计销售额。

2012 年 11 月，也就是中国爆发反日游行的两个月后，我们又在南京开了一家新店。众所周知，对于日本人来说，南京是比较特殊的地方。所以当时有不少人建议我们最好不要在那里开店。但是，我们通过主打品牌——earth music&ecology 的官方微博获悉，南京有很多我们的粉丝，她们都在留言中表示期待新店开业。而且淘宝网的顾客统计也显示，我们有很多顾客都居住在南京。为此，我决定，一定要按原计划在南京开新店。最令我感到欣慰的是，南京店刚一开业，销售额就超过了北京店。

现在，我一个月里大概有三分之一的时间在中国，二分之一的时间在东京，剩下的时间是在公司总部所在地冈山县。如果按周计算的话，就是一周有三天在东京，有两天去上海，有一天在冈山。从某种意义上来说，我是把整个亚洲都看作是一个国家，中国就是亚洲国里的中国省，东京就是亚洲国里的东京市。我认为，不具备这样的观念是不能更好地发展事业的。

作为近期目标，我计划 2013 年在中国开到 60 家店。这个目标其实是在 2012 年 10 月就决定的，由此可见我对中国市场的信心。远期目标呢，是到 2020 年要在中国开到 600 家店。

## 困难时期留在中国保护员工

**蒋丰：**有不少日本企业家反映，中国和日本在销售战略和宣传模式方面存在一定的文化差异。您是如何看待这种文化差异的？贵公司进军中国市场成功的秘诀在哪里？

**石川康晴：**日中两国在企业文化方面的确存在着很大的差异。比如说宣传方面，在日本，服装行业一般都是通过电视广告和服装杂志进行宣传的。而在中国，通过微博、优酷、推特等社交平台来做宣传，显然要比电视和杂志更见成效。

提到成功秘诀，我想说一下去年 9 月的事情。在反日游行最为激动的 9 月 1 号到 9 月 30 号期间，我们的中国员工里，没有一个人提出辞职的。我听说，有不少员工父母都劝说子女辞职，但最终还是被子女说服了。还有一名中国员工亲口对我说，她坚持不辞职的原因，就是因为我 9 月里有 22 天都留在了中国。尽管有很多日企的老总和高层人士都回到了日本，但是我选择和他们一起共度难关，这就坚定了她要在这个公司努力下去的决心。

事实上，在日本国内，我们每月定期要开一次战略会议，规定所有的管理层人士都要出席，共同决定一些非常重要的事情。但我宁肯不主持这个会议，也要在那个 9 月留在中国。我想到的是，公司是日系公司，所以在反日游行中，公司的中国员工很可能会受到伤害。像这样的时候，我必须留在那里照顾他们。

静思萬考

石川康晴 2013.4.24

## 社会公益事业没有国界

**蒋丰：**日本企业的特点之一是讲究“地域贡献”，也就是给企业所在的地域做出贡献。您的公司在进军中国后，做过哪些公益事业吗？

**石川康晴：**有的。大约是从三年前开始，我们就在中国的内蒙古自治区科尔沁左翼后旗一带的沙地上进行义务植树活动。现在已经完成了40万平方米的绿化，面积相当于8.5个东京巨蛋体育馆那么大。而且我们还雇用当地的村民，让他们每天坚持植树。为了保护树苗茁壮成长，我们还在周边设置了保护网，防止被放牧的牛羊误食了树苗。我认为，像我们这样进驻中国市场的外国人、外国企业，是有义务为中国做贡献的，要有“取之中国，用之中国”的精神。光想着在中国赚钱，却不为中国解决问题，那是绝对不可以的。除非我公司有一天全部撤出中国，不然我们就会一直坚持义务植树造林，直到科尔沁沙地全部变为绿洲，中国不再受沙尘暴的困扰。

事实上，在去年反日游行最为激烈的9月18号那天，我正带着约40名日本员工和日本大学生前往内蒙古自治区植树。我们乘坐的大巴刚好经过反日游行队伍的旁边。由于时期特殊，在出发前，公司给这 40 名员工和大学生的家长都寄去了一份信函，让他们自己决定要不要同意孩子到中国参加义务植树活动。结果没有一个家长反对。我们都要有这样一个共识——社会公益事业没有国界。

在 2011 年的“3・11 大地震”发生后，中国对福岛灾区的援助令我们铭心刻骨。在中国遇到灾害的时候，我们理应尽力支援。2012 年 9 月云南彝良地震发生后，我公司也迅速捐献了 10 万元用以赈灾。尽管是杯水车薪，但里面有着我们对中国的真诚情意。像这样的公益事业，今后我们还会一直继续下去。

## 中国市场就是服装的奥运会

**蒋丰：**截至目前，您应该去过中国很多次了。在中国印象最深的事情是什么？如何看待今后中日关系的走向？

**石川康晴：**我去中国算来也有一百次以上了。而且我从两年前就在上海租下住宅。如今，我在中国的朋友比在日本的还多呢。

印象最深的事情，就是中国每天都在举办着“服装奥运会”。为什么这么说呢？在日本，我们只要和日本国内的服装品牌抢地盘就可以了。但是在中国，我们要和全世界的服装品牌分蛋糕。中国有一些内地品牌的宣传战略做得非常棒，还有一些新加坡和韩国的品牌势头也很强劲，甚至还有一些欧美的品牌也进驻中国市场参与竞争。如果说日本市场是服装的日本大赛，那么中国市场就是服装的奥运会。

像韩国、新加坡这样的小国里的经营者，他们很早就懂得，如果不开拓海外市场是发展不下去的。但是在为数不少的日本六七十岁的经营者看来，日本有一亿三千万人口，GDP 也排名全世界第三，即便不走出这个国家也可以干出一番事业。但像我这一代，也就是四十多岁的经营者看来，我们必须要做六七十岁的经营者们没有做到的事情，要把事业拓展到整个亚洲，把亚洲全体都看作是一个国家。

尽管去年发生了岛屿纷争，最近又出现了靖国神社问题。但我认为，日中两国是相互依存的关系。在医疗保健、食品安全、基础建设方面，日本要比中国领先一步。但在市场份额方面，日本是不断萎缩，中国则愈发强盛。总而言之，我认为日中关系必然会好转，因为日中两国需要相互依存，共谋发展。

# 序　章

## 宫崎葵为何而吟唱？

许多人就算不知道 Cross Company 的公司名称，也听说过 “earth music & ecology” 品牌。
这正是源自 Cross Company 独特的宣传战略。

## 不光要提高知名度、还要让顾客亲自光临店铺

主打品牌“earth music & ecology”因为女演员宫崎葵小姐出演的电视广告而广为人知。

以该广告为转折点，Cross Company 获得了飞跃性的成长。

为何广告能带来如此大的冲击力呢？其中包含着怎样的战略呢？

通过播放广告，品牌知名度达到飞跃的提升
（针对20岁~30岁女性，Cross Company调研）

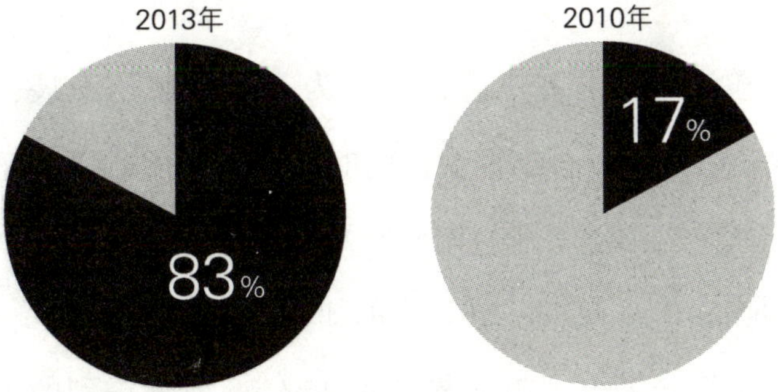

Cross Company 主打品牌“earth music & ecology”的主要购买层是 20 岁至 30 岁的女性。然而最近，该品牌在日本可谓达到了家喻户晓的知名度。

最大的契机是女演员宫崎葵小姐出演的电视广告。尤其是广告刚刚上映时，宫崎小姐吟唱歌曲的形象给人带来了非常新鲜的冲击感。

最近，越来越多的公司在电视里播放面向年轻女性的时尚品牌广告。但实际上在 Cross Company 开始通过电视广告宣传之前，几乎没有公司涉足过这一方法。

那么，石川康晴社长为什么决定要向电视广告投资呢？

## 服装是否需要电视广告宣传？

在播放这段电视广告之前，为了配合店铺发展，Cross Company 已经以面向年轻女性的时尚杂志为中心进行了各种宣传，品牌名称也逐渐为人们所知晓。尽管如此，2010 年前后 earth music & ecology 在日本的知名度仅仅只有 17%。石川社长希望将知名度“首先提高到 40%”。所考虑到的方法之一便是通过电视广告进行宣传。

采用该方法的另一个目的是为了与服装界竞争对手保持差异化。“earth music & ecology”逐渐获得了广大年轻女性的支持，但同时竞争品牌也开始在店铺中陈列类似风格的商品。因此，石川社长想到“不光是商品，宣传手段也需要避免雷同。电视广告应该是一个好方法。”

公司里也有人持反对意见。因为当时在日本几乎没有面向年轻女性的服装品牌积极地在电视里播放广告，无法预料能产生多大的效果。此外，电视广告与杂志不同，其受众是所有观众。有人担心让非目标顾客层的人知道品牌对品牌形象并不一定是好事。而且比起杂志宣传来，电视广告花费的费用要高得多。所以，公司内部对电视广告的宣传方式分为“赞成”与“反对”两种意见。

在这种意见不统一的情况下，石川社长决定从公司外部寻找解决的线索。他与冈山大学的经营学教授商谈，请教授帮忙收集了大量电视广告成效的事例数据。尽管如此，还是无法明确地得知Cross Company播放电视广告能否取得成效。

## 通过“人们未曾见过的宫崎葵小姐”提高知名度

2010 年春天起用宫崎葵小姐的第一支电视广告

但最终石川社长还是决定播放电视广告。

最大的理由是“为了员工”。

Cross Company 在招聘新员工时，许多人都是因为“喜欢服装的设计”才前来应聘的。但是他们的家人几乎都不知道公司名称与品牌名称。因此，应聘者有时会被人诘问“为什么你要特意去个不知名的公司工作呢”，或者是被劝说“最好还是选择大家都知道的公司吧”。石川社长说：“我当时想的是，如果播放电视广告的话，家里的爸爸妈妈、爷爷奶奶都会说‘我们看过电视广告了，知道这个品牌’。这种来自周围人的承认有利于提高员工的士气。”

在创办公司之时，石川社长正是希望“人与人之间保持沟通交流，碰撞出良好的化学反应”，才为公司取名为 Cross Company。对重视员工、重视人与人之间的关联的石川社长来说，“为了员工”是播放电视广告的最大动机。

同时，石川社长听说过，日本国铁转型为 JR 铁道时，通过播放电视广告提高了员工的服务热忱，这一点也促使他做出了决定。此外，如果电视广告没有获得预期效果的话的确会浪费成本，但由于业绩发展顺利，即使出现这种情况也不会导致赤字。这一经营判断也起到了重要的推动作用。

## 人们未曾见过的宫崎葵小姐

2010年制作第一段广告时，Cross Company在品牌形象的基础上经过深思熟虑，决定起用宫崎葵小姐为品牌形象代言人。

不过，电视台每天都在播放大量广告信息。想要让观众在无数广告的狂轰滥炸中“记得那段广告”，并且“通过广告产生购买欲望”是十分困难的事情。而且宫崎葵小姐当时已经出演了许多电视广告。因此，“人们所熟知的宫崎葵小姐”无法让观众们对品牌留下印象。

所以在制定实际计划时，石川社长对负责制作的广告策划者提出了一个特别的要求。即“希望创造出一个人们未曾见过的宫崎葵小姐”。

其结果便是请宫崎小姐“一边吟唱一边跳跃”的构思。宫崎小姐的这种形象给人耳目一新的感觉，石川社长回想道：“在正式播放前看到试映的瞬间，我就觉得这个广告会成功。”

同时石川社长也注意到了其他细节。“广告的确是富有冲击力。但是完全没有传达出商品的含义。”因此需要制定一个战略规划，以便为通过电视广告对“earth music & ecology”抱有兴趣的人提供更加详细的信息。

于是石川社长动用了互联网的力量。只要在搜索网站上搜索“宫崎葵”“唱歌”等关键词，就能十分方便地连接到“earth music & ecology”的网站，就这样借助外部企业的智慧完成了许多工作。浏览品牌网站的人可以看到宫崎小姐穿着广告中的衣服等等画面，网站上详细登载了15秒的广告所来不及表达的商品信息。这样，不仅是单纯地在电视中播放广告，而且通过与互联网的互动，形成了交叉媒体的全新宣传方法。

除此之外，广告与店铺也充分发挥了互动作用。在店铺中将宫崎葵小姐穿着的衣服陈列在醒目的位置，让光临店铺的顾客能够亲手触摸衣服，促进了商品的销售。此外，使用当时尚未流行的品牌形象代言人的缀织（日本传统编织物。——编者注）也是时代的举措。

为了提高品牌知名度，Cross Company先是制作引人注目的广告，在此基础上让人们通过互联网的搜索功能来进行搜索，借此引导至商品。这便是石川社长以电视广告为起点的战略本质。其结果，开始播放电视广告当年的旗下店铺销售额比前一年增长了30%。

## 广告、互联网与店铺构成的交叉媒体

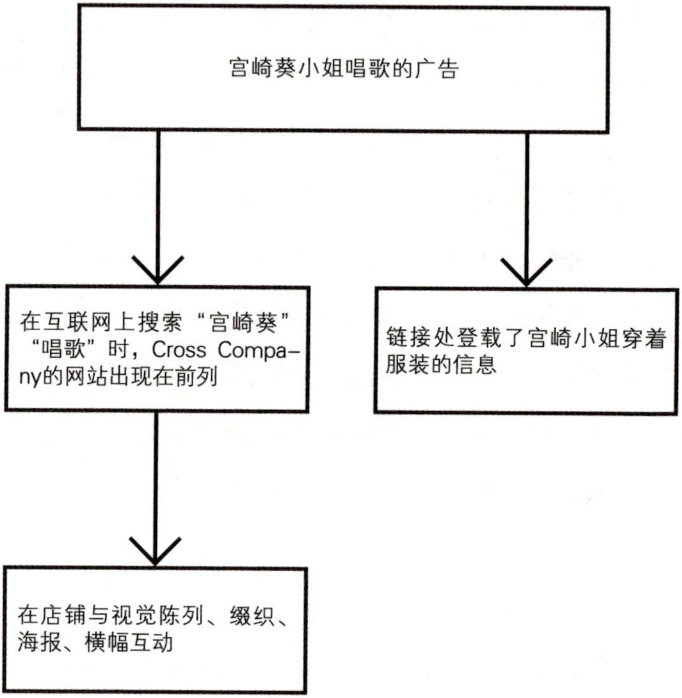

## 通过品牌背景传达某种信息

由此，在 20 岁至 30 岁的女性之间，“earth music & ecology”的知名度也得到了大幅度提高，2011 年仅为 17%的知名度到了 2013 年提升到了 83%。伴随着这一变化，电视广告在 Cross Company 战略中的作用也发生了改变。在维持高水准的品牌知名度的同时，还要将环境问题等更广泛的社会性课题作为品牌背景中的构想告知观众。

“earth music & ecology”的品牌名称很长。那么，“earth”“music”与“ecology”三个关键词究竟拥有怎样的含义呢？

“地球（earth）”是以“伊甸（eden）”“艺术（art）”“乐园（heaven）”的首字母组合而成的。为何是“伊甸”“艺术”与“乐园”呢？原因之一是 Cross Company 创业于冈山市。

Cross Company 的总公司至今仍位于冈山市，当地的特色产业是牛仔布。石川社长想要加入该元素的服装，由此联想到的便是白色连衣裙。身着白色连衣裙微笑的形象宛若天使一般，由此得出了“伊甸的乐园”这一关键词。同时石川社长希望将品牌打造为新一代年轻时尚领袖会穿着的品牌。这时联想到的是身着白色连衣裙与彩色对襟毛衣的形象，从彩色的上衣又联想到“艺术”一词。这时思考色彩最丰富的地方是哪里，便联想到了花园。由此引出了“乐园”一词。而将这一切都包罗在内的正是“地球（earth）”的概念。

“音乐（music）”一词中包含着“在全世界发展事业”这样一个宏大的梦想。石川社长在开始创建 SPA 时，就希望“打造一个让未来世界上所有人都知道的品牌”。让自己的品牌名称成为世界的共通语言，在这一心愿中浮想出的是即使语言不通也能彼此理解的“音乐”一词。

“生态（ecology）”一词包含的是对未来的构想。品牌创建于 1999 年，当时即将迎来 21 世纪，在思索今后的时代中最重要的事物时，得出的关键词即是“生态”。

新的广告战略表达的正是这种品牌理念。如果一直采用之前那种以直接促进顾客购买商品为目标的交叉媒体战略的话，商品马上会被模仿，所以效果有一定的局限性。因此，Cross Company 今后转向为努力表达品牌寓意深刻的背景与哲学。比方说，通过意识到环境问题的广告，可以很好地强调品牌名称中“ecology”的意义，让顾客认识到“环保的、面向年轻女性的品牌正是‘earth music & ecology’”。

石川社长认为，想要发挥出这种电视广告的效果，会比传统的手段更加花费时间。他说：“希望让更多人深入了解Cross Company、earth music & ecology的独特想法。尽管会花费一定的时间，但只要能将这些信息传达给顾客的话，竞争企业也很难去模仿。”

Cross Company在电视广告上的战略十分注重多样化。除此之外，Cross Company也拥有非常多的独特点。实际上这正是这家公司在10年时间内销售额增加22倍的诀窍所在。这并不是一家“光靠广告做得好才获得发展的公司”。

在接下来的各章中，将逐一向您介绍仅从电视广告中所无法了解到的Cross Company经营战略。

## 转向表达品牌背景

2013年冬季电视广告

第 1 章

# 即便是绕远路
# 也要首先提高员工能力

Cross Company 成长的原动力在于雇用正式员工。
制定好战略规划，
发挥出每一个人的能力。
倾听占九成以上的女性员工的声音，
并且一直认真地审视工作规则，
不断地提高赋权。

## 所有人都是正式员工！这样才能与其他公司保持差异化

20 世纪 90 年代以后，日本企业的非正规雇用现象越来越多。换言之，许多企业将临时工、业余工当成“调整行情的阀门”。

然而，Cross Company 不仅总公司，其旗下所有店铺的人员都是正式员工。采用这种制度的根源是考虑到如果所有人员都是正式员工的话，公司可以积累技术力量，从而更好地推进业务发展。

所有工作人员都是正式员工

从表面上看，Cross Company 通过电视广告取得了飞跃性的发展。但实际上，公司的真正优势在于员工的雇用形式。

在比较 Cross Company 与其他公司的员工时，我们会发现有一点显著的不同。那就是 Cross Company 的所有人员都是正式员工。不光是位于冈山市的总公司和位于东京港区的总部，全国各大店铺的工作人员全都是正式员工。

“所有人都是正式员工”，这一点是与服装业的常识相悖的。

服装等零售业的销售额随着流行的变化而差距甚大。因此，从传统意义上来说，临时工和业余工的比例较高。许多服装企业在市场繁荣时会雇用大量临时工、业余工为店铺员工。相反，在不景气、萧条时就会通过削减人员来克服经营困境。换言之，许多公司将店铺的临时工、业余工当成“调整行情的阀门”。

在 20 世纪 90 年代泡沫经济破裂后，这一举措逐渐蔓延到所有产业领域。受到通货紧缩的影响，“人事费用 = 成本”的观点盛行一时。越来越多的公司为了控制人事费用而裁减正式员工，并通过雇用临时工、兼职工、合同工等等取而代之。正是在这一风潮之下，Cross Company 通过“正式员工主义”而获得发展的独特性尤显可贵。

正式员工越多，人事费用的开销则越大。因此，许多服装界前辈的经营者们都给石川社长提过建议说：“一直坚持雇用正式员工还是挺吃力的吧。建议你还是接受业界的常识为好。”“最好通过调整销售人员的数量来进行经营管理。”

但是石川社长还是坚持只雇用正式员工。他就其理由做出如下解释。

“店铺工作员工如果没有对品牌的热爱与深厚的商品知识的话，是无法为顾客提供满意的服务的。我认为只有正式员工才能做到这一点。只有雇用正式员工并进行培训，员工才会自己思考并行动。热爱品牌、熟谙服务之道的销售人员是十分重要的，我将正式员工定位为对人的一种设备性投资。”

对不久之前的日本企业来说，雇用正式员工、自己负担费用培养员工是理所应当的事情。Cross Company 尽管还是一家年轻的公司，但它始终坚持日本式经营的优点，并通过这种方法拓展了业务。出生于 1970 年的石川社长极力主张道：“既然员工是我们的正式员工，我就希望他们能够工作到退休。这样才能让员工安心工作，他们才能得到成长。”

## 即使员工数量增加，也坚持只雇用正式员工

员工数量的变迁

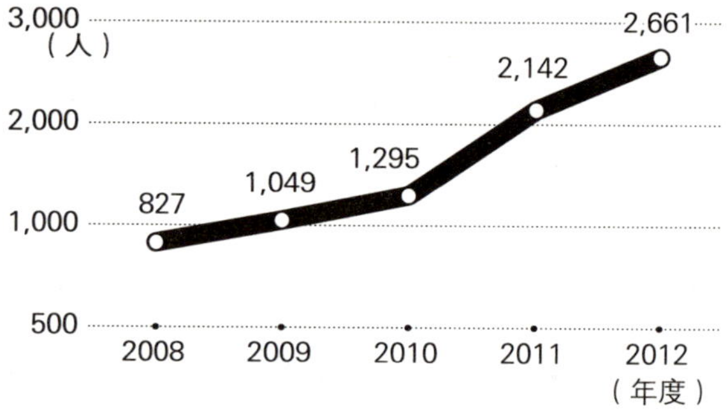


销售人员的详细分布
（2013年1月31日，只不过进入公司后的进修期间为合同工）

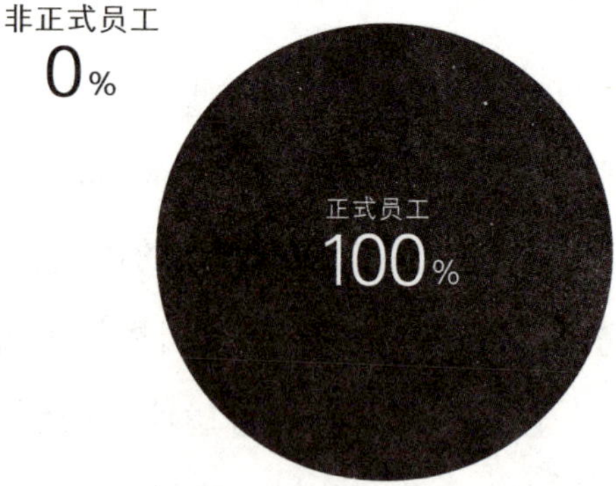

## 聘用合同工的实验结果

这一体制的应用并非一帆风顺。Cross Company 从创业至今约 20 年时间，曾经两次差点放弃只雇用正式员工的制度。

第一次是在 1999 年。由于进口品牌的风潮骤退，当时还只是一家精品店的 Cross Company 出现了创业以来的首次赤字。石川社长也暗自忖度:“也许真的没办法全雇用正式员工了吧。”

13 名员工中有 10 名认为“公司没有未来”而选择了离开。而留下来的 3 人宣告“我们绝对不会辞职”，与石川社长共同奋斗了过来。结果，Cross Company 成功转型为 SPA，2000 年公司业绩一口气恢复盈余，2001 年甚至达到当时的历史最高盈利水平。

另一次是在 2005 年。发展新店铺的计划从过去的百货商场转变为车站周边大楼与购物中心等等，在此过程中利润增长率停滞不前。

面临这种困境，石川社长也开始考虑是否应该雇用非正式员工。于是他试验性地在东京新宿的某家店铺雇用了三名合同工。这件事就算在公司内部也鲜有人知。

然而从结论上说，这次实验的结果完全不尽人意。

合同工中有人说："现在我虽然在这家公司，但其实我想去更有知名度的品牌工作。只不过因为那些品牌目前没有空缺，所以这段时间暂时在这里工作。"还有人公开说："我只是为了存钱去海外旅游才在 Cross Company 工作的。虽然我才刚来这家店，但干几个月我就要辞职了。"

这家店铺的正式员工与持有这种态度的合同工一起工作时，有些人也逐渐受到了他们的影响。之前店铺培养的团队合作精神与团结力开始出现明显的动摇，最终影响到了店铺的销售额。

因此，Cross Company 在仅仅三个月时间内就结束了这一实验。石川社长回顾当时的经历说："我发现自己花费心血培养出来的正式员工的梦想与合同工的梦想有着太大太大的差距，这样下去没法维持店铺的正常运营。"

渡过两次危机的 Cross Company 如今一直坚持只雇用正式员工。不过企业总会面临业绩波动的风险，因此 Cross Company 预先模拟万一出现的情况，在不得已走到裁员这一步之前，先削减以社长为首的管理层的报酬，今后也尽可能地坚持只雇用正式员工的原则。

## 因为只雇用“正式员工”所以才来应聘

只雇用正式员工对录用人才方面来说也是一大优势。许多人应聘 Cross Company 的理由正是“可以被聘用为正式员工”。

社招入职的仓岛郁美（26 岁）也是其中一人。她所属的女性休闲品牌“earth music & ecology super premium”永旺湖城 mori 店（埼玉县越谷市）位于日本国内屈指可数的大型购物中心内。

仓岛从专科学校毕业后，在动物医院当了一阵子护士。尽管每天过得也挺充实，但总感觉有一些美中不足。她后来想：“我很喜欢服装，想挑战与服装相关的工作。”于是开始寻找工作，但服装界尽是“聘用临时工”或者“首先聘用为临时工，视其工作状况再考虑提升为正式员工”之类的形式，所以仓岛一直无法下定决心。

这时，仓岛发现了 Cross Company 的招聘消息。她回顾求职当时的情况说：“考虑到未来，从稳定的角度来说还是希望能成为正式员工。而且福利保险方面也是重点。”当然，在改行前她便一直喜欢“earth music & ecology”的衣服，并且经常去店铺也是重要原因之一。

入职后，仓岛成为了店铺的一名销售人员。现在在共有九名员工的永旺湖城 mori 店担任“店铺负责人”。这一职位相当于店长，在公司内部被简称为“店责”。

仓岛为了完成公司给各家店铺制定的每日销售目标而绞尽脑汁，同时还负责调整员工的轮班情况。有的销售人员因为无法为顾客提供满意的服务而苦恼，这时她就会通过各种形式为其提供建议。她与员工互相交流每天在工作中注意到的事情，并且给予下属一定的指导，以提高其销售能力。

仓岛说：“在需要进行沟通时，我都注意要把理由也说清楚，这样才能让对方真正理解。”店内所有员工都是正式员工，因此上司能够以同样的价值观与下属交流。这与店铺的成功息息相关。在这家规模宏大的购物中心里，仓岛所负责的店铺在每月各店销售额排行榜的女性休闲类别中常常名列前茅。

## 通过面向员工的综艺节目，让员工在娱乐中了解公司

为了发挥出正式员工的优势，需要领导将自己的想法充分地传达给员工，并且了解员工的观点。但是如今 Cross Company

## 制作员工专属的综艺节目

“Cross Company TV” 通过手机等向员工发送

的员工已经达到了 2600 人，而且由于店铺遍布日本全国各地，所以很难将员工聚集一堂。

在这种情况下，石川社长开始了一项独特的尝试，那就是“Cross Company TV”。这是一个通过互联网发布的娱乐节目，只有员工及其家人才能通过移动电话、智能手机或是公司的电脑来观看。

其形式可谓是“影视版的公司内部报纸”，但内容一点都不死板。Cross Company TV 的节目通过猜谜等形式介绍公司的现状，或者是以《Project X》风格纪录片的形式介绍活跃的员工等等，内容十分丰富多彩。以石川社长为原型的原创角色“MC YASS”在每次节目中都会登场，起着活跃气氛的作用。每次节目大约在十分钟左右，每周播放一次。

为了让员工在娱乐中了解公司，Cross Company 特意请专业的电视节目公司进行制作，花费了不少时间与成本。该节目还荣获了“第 12 届日本企业杂志策划竞赛”网站部门的策划金奖。

此外，石川社长几乎每天都会通过自己的 Facebook，告诉员工自己“今天所思考的事情”“今后的目标”等等，努力将自己的想法传达给员工。

# 石川康晴的观点

**人才不是“调节阀门”**

**让员工长期工作，积累行业知识**

如今日本社会越来越多地聘用非正式员工，在这一潮流中 Cross Company 仍然坚持只聘用正式员工，因为我有着这样一个强烈的心愿：“在浮想起每位员工的样子时，我真诚地希望所有人都不要辞职。”为了做到这点，最基本的环境就是只聘用正式员工。

为什么我会有这种想法呢？这是因为 Cross Company 在培养员工方面花费了大量的时间与精力。

尤其是在店铺，通过培训向员工传授了各种各样的行业知识，这是 Cross Company 的巨大优势。然而如果员工轻易就辞职的话，好不容易积累起来的行业知识就会逐渐流失至竞争企业。这样的话 Cross Company 永远无法与其他企业保持差异化。

正因为如此，Cross Company 才只聘用正式员工，希望员工一直留在公司工作。同时整理各种规章制度，并且制定战略规划促进这些制度的应用也是尤为重要的。

我也知道，从服装业的整体趋势来说，尤其是店铺雇用非正式员工是一种普遍现象。在创业初期，我曾经向几位经营者前辈询问过："要想在服装业中存活发展，最重要的是什么?"当时他们都异口同声地回答："在任何商业活动中，人才都是调节阀门，所以员工最好是尽量聘用临时工、业余工等非正式员工。"这种观念应该是日本许多经营者的共通观点。

但是，当时的我感受到一种巨大的危机感。

如果一直认为"人才是调节阀门"的话，那么销售人员就永远没法积累行业知识。而如果行业里所有经营者都抱着这种想法的话，"人才是否就会从这一行业中流失出去""这样下去优秀的人才很可能会被其他行业所夺走"，这种危机感时常萦绕在我的心头。在看清楚未来的方向之后，我最终坚持尽量只雇用正式员工。

## 通过雇用只工作 4 小时的正式员工将已婚女性化为战斗力

为了让女性可以长期工作，Cross Company 构筑了从全日制转向短时间工作制的战略规划。

社会招聘也有“4 小时、6 小时工作制正式员工”。还引进了“育儿计划 10”“推进育儿爸爸休假”等独特的制度。

员工的男女比例（2013年1月）

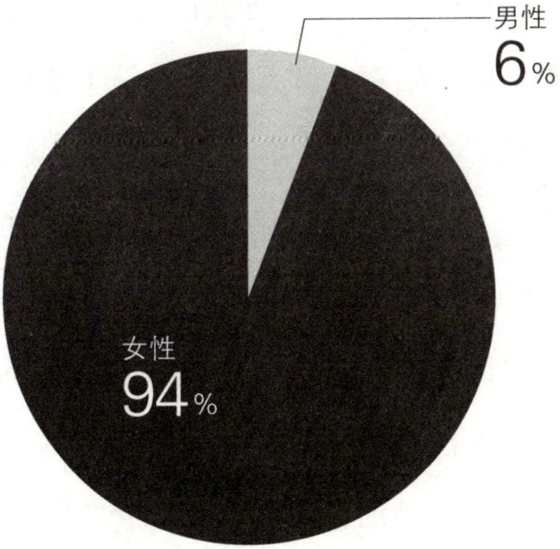

在只聘用正式员工的 Cross Company 中，90%的员工都是女性。尤其店铺员工几乎全都是女性，同时还有许多女性员工活跃在总公司与总部。

女性想要在企业一直工作下去，必须克服结婚、生育、育儿、养老等各种问题。她们有时会遇到以一己之力无法解决的问题，甚至不得不放弃工作。许多职业女性都会面临着如何协调工作与家庭关系的苦恼。

## 社会招聘也聘用 4 小时工作制正式员工

在这方面，Cross Company 领先一步做出了积极的努力。

其代表性成果即是“短时间工作制度”。之前全日制工作的员工由于结婚、生育、育儿、养老等生活问题而无法继续全日制工作时，可以选择 4 小时或 6 小时的短时间工作制。

大约有 70 名员工依据这一制度调整了自己的工作时间。其中有的员工婚后由于家庭原因转为 6 小时工作制，之后又因为生育而转为 4 小时工作制。同时短时间工作制的员工也可以根据生活节奏的变化，回归至 6 小时工作制或是全日制员工。

石川社长说：“许多时候员工因为生育或育儿而难以坚持

全日制工作，但如果是短时间工作制的话就能继续工作了。同时对年轻的员工来说，周围活跃着短时间工作制的员工会让他们心生一种‘可以一直工作下去’的积极向上的情感。”

从 2011 年开始，社会招聘也开始聘用“4 小时工作制正式员工”与“6 小时工作制正式员工”。由于这种制度尚无前例，所以 Cross Company 几经周折，数次与政府机关交涉才好不容易得以实现。

从工作时间上看，短时间工作制与临时工、兼职工很相似。但其最大的区别是雇用合同没有期限。临时工、业余工一般都以年或者月为单位重签合同。但是 4 小时工作制员工、6 小时工作制员工都是正式员工，所以没有必要重签合同。基本工资与奖金等薪酬的计算方法以及休假标准也与全日制正式员工适用于同一标准。而且不用加班。根据员工生活方式的变化，可以按意愿从短时间工作制转为全日制员工。

石川社长希望通过社招短时间工作制正式员工来发展主妇阶层。“许多主妇觉得很难成为正式员工而放弃了，但通过这一战略规划可以让她们作为 Cross Company 的正式员工入职并发展。从十年、二十年的发展角度来看，今后这种新的工作方式或许会成为标准化制度。”

## 通过聘用“短时间工作制正式员工”，发展家庭主妇

本多麻由通过社会招聘作为6小时正式员工进入公司。如今她很好地维持了工作与育儿之间的平衡

实际上，该制度造成了极大的反响。在引进制度的最初4个月内，短时间工作制员工的应聘者达到普通应聘者的3倍，超过了1000人。许多作为临时工在丈夫的配偶特别扣除税金（配偶特别扣除税金制度是日本的一项税金制度，即纳税者的配偶年收入超过103万日元时，需要扣除一定的税金。——译者注）的免征范围内工作的主妇也纷纷表示："即使要增加税金，也希望能够成为正式员工，负有责任感地工作。"至今为止，共有116人通过社会招聘成为短时间工作制正式员工。

## 这正是我梦想中的工作方法！

本多麻由（35岁）是Cross Company旗下精品店"Green Parks Topic" NIKKE COLTON PLAZA店（千叶县市川市）的销售人员。

大学学习建筑专业的本多毕业后曾经以合同工、临时工的身份在建筑相关的设计事务所工作了十年左右，她担任的是设计一职，从那时开始就一边育儿一边工作。2011年10月，本多通过社会招聘以6小时工作制正式员工的身份进入

Cross Company。

本多之前的工作岗位是临时工，她说："去幼儿园接孩子的时间限定在晚上 8 点 30 分之前，因为工作太忙了总是赶在快关门时才能到。而且跟孩子在一起的时间也太少了，我希望工作时间能够更短一些。"但由于"不想早退给别人带来麻烦"，所以一直无法说出口。

同时由于对未来抱有一种不安的感觉，本多也希望能成为一名正式员工。但是随着年龄的增长，她几乎放弃了这一想法。此时本多得知 Cross Company 在招聘短时间工作制的正式员工，她觉得"自己很适合这种工作方式"，于是马上前来应聘。由于在面试中表达出"十分渴望在这家公司工作的热情"，本多被成功录用。

"这是我踏上社会之后第一次成为'正式员工'，我真的非常非常高兴。"本多回顾当时说。尽管她没有在服装企业工作的经验，但是通过进入公司后的培训，十分顺利地掌握了销售技巧。

最重要的是，本多在傍晚就能去幼儿园接孩子回家了。与孩子相处的时间也有所增加，她现在经常与孩子一块去公园玩耍，或是去朋友家里拜访。本多说："因为可以与孩子好好相处，沟通也越来越容易。”

职场的气氛也与之前大不一样。一到下班时间，周围人都理所当然地招呼着本多“快回家吧”。本多自己也不用有太多顾虑。她说：“说实话，当临时工时真的很不安，一是怕会被解雇，二是没法期望升职。我希望今后可以作为正式员工安心地工作，并且逐步掌握专业技能。”

## 推进育儿爸爸休假，每月休息一天

Cross Company 还采取了其他方法来改善女性职场的工作环境。

比方说以已育女性员工为对象的“育儿计划 10”制度，即员工的孩子在 10 岁之前，除了公休以外，每年可以获得 4 次“育儿休假”，还有 4 小时工作制的“育儿工时”、育儿费用补助（每月最多 3 万日元）等等措施。石川社长说：“我希望通过聆听工作现场的声音，逐渐为女性的工作方式建立一个范例。”

为了促进男性员工支持自己的配偶，2013 年 11 月公司制定了相应的战略规划。这就是“推进育儿爸爸休假”的制度。

最近，日本不少企业开始逐渐发展以男性员工为对象的育儿休假制度。但现状却是，即使公司制定了这种制度，也很少有人会实际利用。Cross Company 也是如此，过去没有一个人利用过该制度休假。

为了改变这种状况，Cross Company 规定家里有 10 岁以下孩子的男性员工每月必须为了育儿而休假一天。石川社长解释说："女性育儿期间的种种不利环境因素，实际上很大原因是出自男性。因此首先应该让男性理解女性在家庭里的责任有多么不容易。"于是男性员工们也开始积极地休假。

## 在“休假方法”上也用心良苦

**星期日休假制度**

→以在店铺工作的已婚员工为对象。由店铺负责人进行轮休调整。

**3天连休休假制度**

→在店铺最繁忙的大型连休期间可以取得3天连休。

**与重要的人休假**

→以在店铺工作的员工为对象。为了和“重要的人”一起度过的休假。

**育儿休假制度**

→以有孩子的女性员工为对象。在公休之外，可以获得规定范围内的休假天数。

只不过，好不容易制定了这样的制度，男性员工有可能将休假时间用作打高尔夫球等一些别的事情，而不去帮助妻子做家务和育儿。因此，Cross Company 在确认书上明确记载“休假是用于家务和育儿”的宗旨，并请男性员工和其配偶都签名确认。

## 与重要的人休假

为了改善员工的工作环境，Cross Company 在制定员工休假的战略规划方面也下了不少工夫。

对零售业来说，周末与节假日的顾客会比平时要多，销售额也要高一些。因此，许多店铺员工在周末和节假日也需要出勤。通常，在零售业工作的员工总会绞尽脑汁地调整日程表，以便有时间能与家人或朋友一起度过。然而，其中也有一些人因为“休息日与朋友不一致”而辞职。

Cross Company 也是一样，店铺负责销售的员工基本上在周末与节假日都需要出勤。但是为了减轻他们的烦恼，公司采用了零售业中罕见的“周日休假制度”。

该制度的对象是在店里工作的已婚员工。想要在周日休假的员工可以向所属店铺的负责人提出申请，店铺负责人会根据其他员工的轮班时间进行调整。有些繁忙的时候可能无法批假，但公司会尽量满足员工的要求。

“三连休休假制度”也是出自同样的用意。五一黄金周、盂兰盆节、年末年初等节假日的顾客比周末更多，销售额也更高。公司规定就算是在这种繁忙期，也可以根据每家店铺的轮班情况进行调整，让员工有可能获得三连休的休假。

而最特别的要数“与重要的人休假”制度。

为了让负责销售的员工能够“与重要的人休假”，公司每年都会在法定休假日以外安排 1 天时间给员工，具体休假时间可以由员工自己决定。不光是与家人、朋友出去玩，去听喜欢的偶像的音乐会等等事由也同样可以申请。石川社长说：“对年轻的员工来说，父母、朋友和偶像都是同样重要的存在。考虑到这些年轻员工的需求，公司引进了这一制度。”

这些改善工作环境的制度并不是一开始就很完备，它们都是由公司领导在聆听一线员工们的意见后逐步改进的。同时在实际应用中，还会不断提高其便利性。

# 石川康晴的观点

[ “不光是制定制度，
让制度贯彻实施也是十分重要的。” ]

创业半年后，Cross Company 迎来了第一名正式员工。那是一位名叫 T 的女性员工，员工号为 2 号，之后公司开始招收正式员工。而在 6 年之后，T 提出了“我要辞职”，问其原因，她说是因为结婚辞职。

当时 Cross Company 还是一家刚刚发展起来的公司，不像今天这样制定了各种完善的制度。面对逐渐扩大的公司组织，T 感觉到了管理方面的不安，而且婚后组成了新的家庭，必须要融入家庭生活。她在犹豫了许久之后终于做出了辞职的决定。

T 是一名非常优秀的员工，我回顾创业之后的历程，甚至觉得没有比 T 更优秀的人才了。正因为如此，当时我深深感觉到“失去了极大的财富”。不仅仅是这样，我想如果制定了解决这一问题的制度的话，或许就能挽留下 T 了。对此我十分懊悔。

第二年，也有几名女性员工提出：“要结婚了所以得辞职。”由于之前有 T 的例子，我想着“这次尽可能挽留住她们”。因此我尝试着询问她们：“有怎样的制度你们才愿意留下来呢?”她们回答说：“如果可以一天工作 6 小时的话，还是能够留下来继续工作的。”于是借此机会，公司制定了短时间工作制度的战略规划。之后，有其他员工表示：“如果可以一天工作 4 小时的话，我愿意继续在这里工作。”此外还制定了“育儿计划 10”制度。每当公司里的女性管理者提出要求时，我都会考虑“今后肯定也会出现同样的需求”，于是吸取她们的建议调整改定公司的战略规划。

不过，最重要的并不仅仅是制定战略规划。我希望在自己的公司里，越来越多的员工能够实际应用这些制度。

目前，短时间工作的员工已经达到将近 200 人了，而我觉得只有人数不断增加，才能实现年轻员工的梦想与希望。相反，如果仅仅只是制定战略规划而不切实推行的话，制度与运营都会产生相应的课题。经营者需要时刻关注“制度是否得到正确的运行”，我深刻地感受到这一点的重要性。

# 女性员工在课长以上职位占 48% 的比例

为了避免男性上司在提拔人才时的“疏漏”，Cross Company 设置了“女性人事委员会”，从女性的视角来推荐管理人员。公司一直积极地起用女性员工为管理人员。

通过各种各样的努力，目前课长以上职位的女性员工占 48%。

管理人员中女性占48%的比例

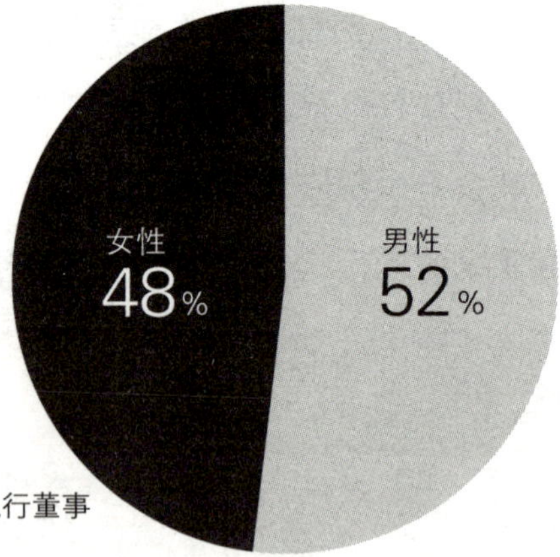


注：管理人员=课长、副部长、部长、执行董事

在企业中起用女性员工的重要性已经久为人知。然而，现实中被提升为管理人员的女性人数却迟迟没有增长。尤其是与欧美国家相比，日本管理层中女性所占的比例明显要低得多。

## 注意不要从“男性视角”评价部下

在这种大环境下，Cross Company 很早便开始致力于提高管理层中的女性比例。从课长、副部长、部长到执行董事，总体来说管理层中女性员工所占的比例为 48%。石川社长满怀骄傲地说：“起初的确是有意地多提拔女性员工，不过最近我可以自信地断言‘我们提拔某个人为管理层，是因为她有能力’。”

在决定员工是否能够升职时，Cross Company 的原则是由上司从达到公司一定标准的下属中挑选推荐他自己认为“胜任管理层”的员工。基于上司的推荐，石川社长会做最后的判断。公司并没有引进竞选制等制度。

如果说会发生“疏漏”的话，大多数时候原因是因为男性上司从“男性视角”来评价女性下属。比方说，当下属里有一名女性员工很善于工作，但是性格较为脆弱，男性上司就有可能因为“她发生一点小事就会哭”为由而不推荐这名员工为管理人员。此外，当下属的女性员工不擅于与数字打交道时，许多男性上司也会判断“她说话没有逻辑性，估计难以胜任管理层”。

但是，女性员工当中有一些人尽管感情上很脆弱，但十分热衷于工作，并且能够给公司带来巨大的利益。也有一些员工尽管对数字不够敏感，但在专业领域拥有超群的能力，能为公司做出巨大的贡献。

石川社长认为，只有给予这类女性员工中肯的评价，将她们提拔为管理人员才能让公司取得更好的发展。他说：“公司的目的并不是感情上的坚强或者是说话的逻辑性，我认为只有让能为公司做出贡献、为公司争取利益的员工进入管理层，才是正确的经营方式。”

## 通过只有女性的人事委员会来避免“疏漏”

为了避免男性上司的“疏漏”，Cross Company 制定了“女性人事委员会”的战略规划。

## 从女性的视角挑选出被埋没的人才

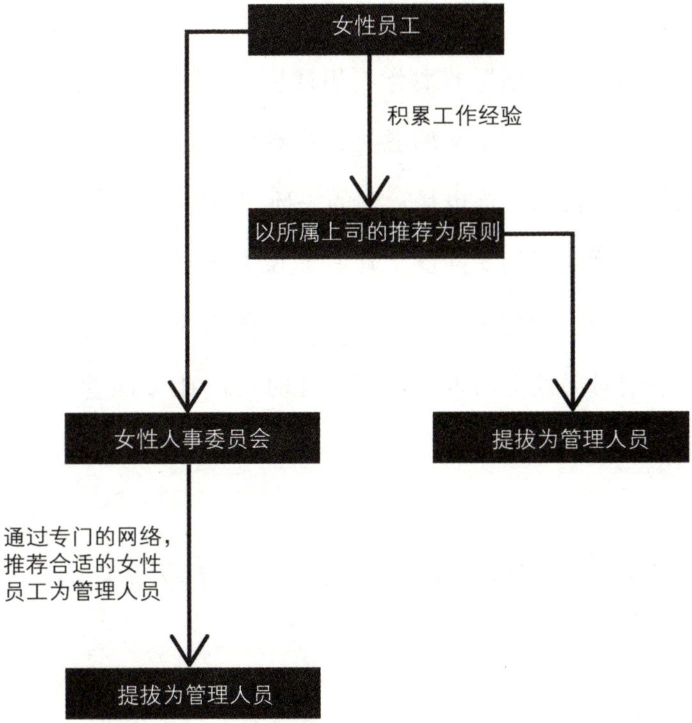

其成员包括执行董事在内共 3 人，全部都是女性。在每年一次的人事考查之际，委员会通过公司内部的女性员工网络，从男性上司没有推荐为管理层的女性员工当中，选出“为公司做出极大贡献，应该让她担任管理人员”的人，即通过“淘汰者复活”推荐给石川社长。石川社长说：“人事方面容易偏向于男性主义的意见，我想此外还是需要让女性拥有权限与发言权，这也是管理的一环。”许多通过这一战略规划而登上管理层的女性员工在其职位上大展身手。而且随着女性管理人员的增加，还形成了其他的效果，即女性员工有一些事情对男性上司难以启齿，此时可以让女性管理人员代替该员工的上司与其进行沟通。

## 向客户与同行呼吁重视女性的赋权（Empowerment）

Cross Company 的目标是将管理层中女性所占的比例提高到 50%。现在女性员工的最高层有两名执行董事。当然今后还考虑发展女性为公司董事。Cross Company 尤其注重积极提拔女性员工为品牌负责人。

为了让优秀的女性员工能够更好地发挥出自己的能力，打造横跨公司内部的团队也是必不可少的工作。比方说，统管事业部的品牌经理擅长产品管理、广告、宣传等方面，但是对数字不够敏感。这时分配一名善于管理数据的员工来帮助她的工作，可以使她最大限度地发挥出自己的能力。

同时 Cross Company 还参加了促进女性发挥能力的全球性活动。

女性的赋权原则（WEPs）是以推进女性的经济性赋权为目的，由联合国与企业构成的独立组织联合国全球契约（GC）与联合国妇女署（UN Women）共同制定的法则。全世界约有 160 家权威企业为其署名。

2012 年，Cross Company 为 WEPs 署名，这在日本服装界尚属首例。石川社长表达了自己的期待之情："我希望从女性赋权这一点上，对整个服装界带来冲击力。希望今后服装界能够提供更加适合女性工作的环境。"

为配合署名赋权原则，Cross Company 在公司内部成立横跨推进部、各事业部、店铺管理、总务、人事等多部门的组织——"女性赋权委员会"，反复讨论需要采用怎样的制度、打造怎样的环境才能便于女性长期工作。此外公司还致力于改革包括男性员工在内的工作一线的认识。同时，公司还向客户与同行等周边企业呼吁女性的赋权，将这一观念推广至社会各界。三越伊势丹持股公司、Lumine 等公司也因为石川社长的呼吁而引进了这一原则。

## 从店铺到总公司的调动在公司内部公开招募

为了让公司内部更加活跃，Cross Company 引进了总公司、总部起用一线员工的“公开招募制度”。

从原则上来说，新员工入职后需要在店铺工作一段时间。这是因为服装企业的员工需要掌握一定的基础知识。在此基础上，希望到总公司工作的员工可以通过公开招募制度，参加总公司、总部各部门的公司内部招聘。石川社长说：“我认为正确的经营方式是让员工在一线深入接触顾客之后，再来参与市场战略与供应链管理等其他工作。因此，首先必须让员工在销售的第一线深刻地了解顾客。在此基础上，让希望在总公司或总部工作的员工应聘相应的职位。公司要制定好这样的一个战略规划。”

## 通过公开招募制度
## 从店铺调动至总公司、总部

小山亚希子在店里工作过一段时间后，现在在东京总部担任SNS与电子杂志负责人

全国各地的所有人都是主角
第3届
SNAP MAGAZINE
10/28（周一）~10/30（周三）
仅限三天时间！！
谢谢大家的支持，去年的活动得到了广泛好评！
顾客参加型 SNAP计划
《SNAP MAGAZINE》
今年冬天继续举办！
店内的工作人员将为您量身打造
全身的装扮！

公司向员工发送的邮件每三个月左右会登载一次“企划”“宣传促销”“人事”等总公司、总部的各部门的公开招募信息，拥有一定工作经验的员工想要应聘其所希望进入的部门的话，可以自由地报名参加。应聘者在通过书面审查和招聘部门管理层面试后，最后经过石川社长的面试，合格者即可被调往总公司、总部。由于应聘者往往会超过公开招募的人数，因此不是所有人都能够如愿以偿地顺利调职。有些部门非常难进。

而且只要之后还有招募，这次没能如愿的员工可以多次应聘。因此，公司里有不少人为了实现将来的职业目标而自觉努力地学习。

## 通过公开招募制度，成为了 100 万人读者的电子杂志编辑！

“我可喜欢服装了。”大学刚毕业便进 Cross Company 工作的小山亚希子（26 岁）笑着说。小山在毕业找工作时就想要去服装企业工作，但一般来说服装界从一开始就明确区分了总公司聘用与店铺聘用两种形式。小山却认为：“自己既想做销售，也希望从事一些别的工作。”此时她遇到了拥有公开招募制度的 Cross Company。小山觉得这一点非常具有吸引力，于是应聘成为公司的一员。她迈上社会的工作起点便是“earth music & ecology”难波丸井店（大阪）。之后接连在大阪、东京·银座等店铺工作，进公司仅仅 10 个月时间就担任了店铺负责人一职。

转机发生于她在“earth music & ecology super premium”阪急西宫花园店（兵库县西宫市）工作的时候。总部在公司内部公开招募“SNS（交流网站）负责人”，这引起了她极大的兴趣。小山平时负责店铺博客的更新，在私人生活中也经常使用 SNS，于是她“想挑战这份工作”而应聘。通过了笔试和第一次面试之后，她进入了最终面试。石川社长在面试中问小山：“你平均一个月花费多少时间使用 SNS?”“如果你成为了负责人，你想做哪些工作？为了这个目标，你现在做哪些努力呢?”小山回答得有些不尽人意，石川社长告诉她说：“你现在只是在说自己想要去做。我希望你考虑一下，自己是否做好了所有应该做的准备。”最终公司选择了别人来担任 SNS 负责人。

小山回到店铺后一直在考虑自己应该做哪些事情。她认为需要在提高销售额的基础上，客观地展现出自己擅长 SNS 的地方。于是她开始致力于如何增加店铺博客的浏览次数。Cross Company 为公司所有店铺博客的浏览次数进行了排名，小山绞尽脑汁想了许多方法争取让自己店铺能达到第一名。为了向顾客提议各种服装搭配，她在照片的拍摄方法上煞费苦心，甚至亲自当模特拍照。她还主动参加 SNS 讲习课程进行学习，连节假日也在思考“怎样才能更好地提高效果”“尽量做好自己能够做到的事情”，最终她负责的店铺博客的浏览次数上升到了公司所有店铺中的第一位。

当下一次公司内部公开招募“SNS 负责人”时，小山再次应聘，并表明了自己所做出的一系列努力。这次她成功地通过面试，被调至总部工作。入职 4 周年的小山如今作为宣传促销部的一员，主要负责“earth music & ecology”等品牌的 SNS，此外还担任拥有约 100 万会员的 Cross Company 电子杂志负责人的工作。

# 石川康晴的观点

“男女双方面的视角
对企业管理都很重要”

Cross Company 的顾客群中，90%以上都是女性。既然想从和顾客相同的视角来考虑问题，女性员工的数量就必然会越来越多，如今公司里 90%以上的员工都是女性。

尽管公司拥有大量女性员工，但对于身为男性的我来说，并没有特别感觉到在企业经营方面有什么困难之处。我在进行经营方面的判断时，也不会说分别去考虑因为是男性，或者因为是女性就会如何如何。当然，我也从来没有在待遇方面不公平地对待男性员工与女性员工。

Cross Company 一直致力于提高女性在管理层中所占的比例。然而，这并不是为了“满足社会的需求”等原因而被迫提高。

回顾至今为止的经营历程，我认为企业仅让男性来做出决定并不理想，同时仅让女性来决定重要事项也并非明智的做法。我可以断言，只有男性和女性都从彼此的立场上陈述意见，才能进行有效的管理。

只有让双方都参加会议、互相商量，才能得出最好的结论，这样才能让经营判断上的错误尽可能地接近于零。也就是说，企业的发展需要男性与女性都共同发挥出自己的力量。

比起其他发达国家，日本企业的管理层中女性所占的比例明显要低很多。我认为这是因为男性中心主义的想法过于强烈，对女性员工的看法有时过于苛刻了。在思考今后的企业经营时，这一点恐怕会造成负面影响。

我认为，只要在管理中加入女性视角，发掘出为公司做出贡献的员工，就可以提高管理层中女性所占比例。Cross Company 计划未来将女性在从课长到执行董事的管理层中所占的比例提升至 50%，为了达到这一目标，还需要付出更多的努力。

## 通过绝对评价录用人才，通过培训磨练人才

为了聘请到“公司渴求的人才”，全年均可录用应届毕业生。

员工在入职之前就开始培训，调配至各大店铺。

同时从很早开始便实施店铺负责人的培训。

让地方社招的员工也参加合宿，培养员工与公司的连带感。

应届毕业生员工入职仪式的情景

为了发挥出正式员工的优势，从录用到培训，方方面面的工作都不容忽视。只有认真选择员工、培养员工，才能建立其他公司无法模仿的优势。

Cross Company 在招聘方面投入了大量精力。在招聘应届毕业生时，公司不会横向比较应聘的学生，从中“选择更好的”——即通过相对评价来录用员工，而是坚持在判断应聘者“是否具有公司所需要的资质”的基础上，以绝对评价的方针来进行录用。

只不过，有时应聘的学生中符合条件者可能不一定足够，因此 Cross Company 在符合绝对评价的内定员工达到招募人数之前，一直都会继续招聘工作。结果造成应届毕业生不仅仅是在每年 4 月入职，公司几乎一整年都在招聘毕业生。

## 面试中石川社长的提问

石川社长亲自担任了录用应届毕业生最终阶段的面试官。尽管他平日工作极为繁忙，但仍然会对应聘者一个个进行面试，亲自判断应聘者是否适合公司。如今 Cross Company 的企业规模已经扩展得十分庞大，但这一方针依然没有改变。

石川社长每年都会在面试时与几百名学生直接交流，他几乎向所有学生都会询问同样一个问题，即“至今为止你有没有花费50小时以上来为Cross Company进行企业分析?”

石川社长对最近的学生尤为关心的一点是，“他们是在挑选一家将来需要长时间工作的公司，但是许多人却只在网上看看主页，没有认真思考过就前来应聘了。”

网络的确十分方便。但是光靠浏览一下主页，并不能了解到企业的全部。想要知道企业真正的面貌，应聘者需要亲自走访店铺，与在店里工作的员工沟通交流。通过自己主动出击，会发现许许多多的细节问题。

石川社长说：“50小时只不过是一个大致的标准，我是希望应聘的学生能用这样积极的态度去思考，在了解Cross Company之后再来接受面试。我希望他们能够在做出自己的分析的基础上，告诉我如果被录用的话以后会怎样行动，想做哪些工作。”

由于这是必然被问到的常规问题，应聘Cross Company的学生对此都有所耳闻。因此，最近越来越多的应聘者都在认真准备后才来接受面试，有的学生甚至在面试时准备好题为“这样下去的话Cross Company会不行的”的报告材料等等。

## 让应聘者认真研究后入职

2013年应届毕业生员工的入职仪式
员工首先被分配到各大店铺

Cross Company 规定应届毕业生员工在入职后首先被分配至店铺，使其掌握工作的基础知识。在面试时，服务能力与沟通能力等方面也是考察的重点。

石川社长在面试中与学生交谈时，对于他认为“可以录用”的学生，他会同时判断“将他分配至哪个品牌最能发挥出他的能力”。应届毕业生员工入职后被分配的店铺会尊重学生自己的志愿，不过有时也会进行变更。

## 在入职前通过培训提高能力

被录用的学生一般于 4 月份入职，原则上在入职前会让其作为实习生在家附近的店铺工作。在入职前的几个月时间内，让他们通过自己负责各种业务，掌握在店铺工作时所需要的基础知识。

在入职前，还会进行“入职培训”。

Cross Company 将学生们分成几个小班，通过四天三夜的日程安排，指导学生们掌握如何保持最好的笑容、接待顾客时的角色扮演等等实际业务。此外，他们还会学习迈入社会后的基础商务礼仪等等知识。其结果便是 Cross Company 招聘的应届毕业生中，许多人一入职后就能立刻与老员工发挥出同样的工作能力。石川社长说：“服装界如今依然盛行着这样一种风潮，即销售人员在入职后去观察、学习老员工的工作。而Cross Company认识到在决定录用时，就要将其作为正式员工进行培养。”

入职后有专门的表格来检查新员工“能够做到哪一步了”。而且公司会根据新员工的成长阶段，分期对其进行各种培训。其中颇具特色的是，杰出的员工在入职半年多时间之后就能参加两天一夜的“店铺负责人预备培训”，从中学习店铺负责人所必需的技能。

在该培训中，员工将学习到店铺员工的劳务管理知识，同时还会听“如何应对抱有烦恼的员工”“如何给予下属意见”等方面的讲座。此外，还会通过角色扮演来再次学习最基础的服务意识。培训的时期因员工个人的成长度不同而有所不同，不过所有员工都会参加培训。最后是否愿意成为店铺负责人则由员工本人的判断来决定。

在“earth music & ecology natural store” lalaport柏之叶店（千叶县柏市）工作的西尾典子最近参加了这一培训。

西尾说：“以前我碰到过这样一个问题，我需要对社招员工提出建议，但当时我不知道通过什么方法才能更好地表达自己的想法。在培训中我学习到了各种事例，并且通过角色扮演来学习沟通的方法，这让我掌握到了交流的秘诀。”

在销售男女儿童服饰与杂货的“7 Days-Sunday”新宿丸井本馆店（东京·新宿）工作的黑井惠也是刚刚参加过该培训的员工之一。她说：“我非常希望能够在较短的时间内成为店铺负责人，展开各种工作。因此我参加了这一培训，从中发现了自己许多不足之处，我觉得这是很大的收获，今后我希望能够顺利地改正这些不足点。”

## 各地社招的员工也参加四天三夜的合宿

社会招聘的员工多是限定了工作地区，一般不会进行调职，因此从原则上来说面试是由各店铺的店铺负责人与监管员进行的。有时人事部会举行演习会，与店铺共同进行招聘工作。

## 培养正式员工带来巨大的优势

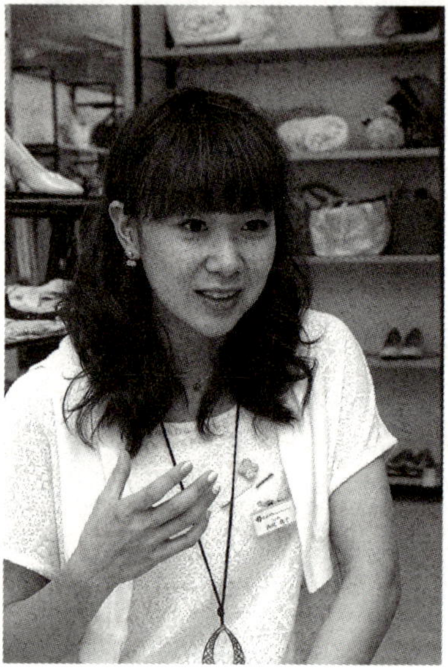

为了成为店铺负责人而参加培训的西尾典子（上）与黑井惠（下）

为了让员工充分发挥出正式员工的优势，Cross Company对社招员工的培训也毫不松懈。在社招员工入职第一天，就有专属指导员手把手地教其店铺的基本运营方式，即进行“店铺培训”。不仅如此，在入职后的三个月时间内，由老员工就工作步骤等方面的细节问题与正式工作后的苦恼进行解答。

此外，入职后的第二个月即安排四天三夜的社招员工培训，让社招员工也能建立起身为 Cross Company 一员的连带感。石川社长解释说：“社招员工由于是地方录用的，而且一直在地方工作，他们会感觉自己更像是被当地店铺雇用，而不是 Cross Company 的员工。他们没有来过总公司与总部，有这种想法也是再所难免的。为了让他们在工作时能将自己视为 Cross Company 的一员，我特意让他们聚集在一起参加培训。”通过培训，让社招员工在提高知识与技术的同时，还能让他们在公司内部建立各种工作关系。

不过，其中有些员工因为家庭的事由而无法接受培训，这种情况则通过录像等方法让其获得培训的知识。像这样，Cross Company 通过各种各样的方法致力于提高员工的能力。

## 有效利用广播大学的教育课程

Cross Company 为了促进总公司和总部员工的成长，定期进行各种培训活动。

比方说，2010 年公司在东京总部开始了“Cross 讲座”的培训计划。由员工担任讲师，定期学习美术、音乐、户外摇滚音乐节、服装品牌等方面的知识。最近，公司还在外部招聘了以原时尚杂志总编辑为首的讲师，让员工们在掌握多方面知识的同时，还能够提高自己的感性认识。石川社长每次都会带领在总部工作的约 150 名员工参加讲座。

此外，公司还从广播大学的教育课程中选择可以帮助员工日常工作的节目进行推荐，即让员工在“Cross 大学”中学习。在总部工作的员工可以根据自己的情况选听这些课程。在此基础上定期进行考试，考试的结果在公司公示。

# 石川康晴的观点

[ “销售人员的作用是媒体兼医生” ]

从前，零售业往往容易忽视店内销售人员的知识与技术。

本来就很少有公司会对销售人员进行定期的企业培训，极端一点地说，许多公司甚至会觉得“没有必要特意花费成本来培训销售人员，只要他们会正常地招呼顾客就差不多了。”

对企业来说，“将时间与金钱花费在哪一方面”是经营判断上的重点内容。就服装业的现状来说，我认为有许多公司在物流与生产方面花费了大量成本。而在销售人员的培训等方面，大多数服装公司并没有花费太多时间与精力。

Cross Company 则不然，公司一直坚持只雇用正式员工，我希望能通过接待顾客将公司的这一优势发挥得更加出色。比方说，以应届毕业生的身份入职的所有员工一开始都要在店铺担任销售人员的工作。为了让他们入职后就能立刻发挥出自己的能力，在入职前就进行几天几夜的培训，让他们掌握接待顾客的技能。入职后也根据他们的成长阶段进行各种各样的培训工作。此外，公司在社招员工的培训方面也花费了很大的精力。

反过来说，Cross Company 正是不希望失去这样精心培养的员工，所以才坚持只雇用正式员工。Cross Company 可以骄傲地宣布，善于接待顾客的员工是公司的一大特点与优势。

销售人员是最终与顾客进行接触的员工。无论做出多么精美的宣传，开发出多么优秀的商品，如果销售人员在接待顾客时做得不够充分的话，顾客也不会购买我们的商品。从这一意义上来说，销售人员是传达 Cross Company 品牌态度的重要媒体。同时，销售人员需要聆听顾客的烦恼与自卑，在此基础上向其提议解决方案。从这一意义上来说，销售人员还发挥出了医生的作用。

正因为如此，为了让销售人员能够掌握接待顾客的技能，公司一直致力于多方面的培训。

COLUMN

## 目标是 0 无薪加班

近年来长期的经济萧条让日本的雇用环境变得越来越严峻。在这种情况下，企业当中也出现了不少强迫员工在苛刻的劳动条件下工作的事例，不少关于“工作方法”的问题开始受到人们的重视。

不久前，这一问题主要凸显在中小企业当中，而最近大型企业也开始频频出现问题。社会对这些问题企业的评价十分严厉。

“Cross Company 是否也是这样的企业呢?”

在录用应届毕业生时，石川社长必然会出席最终面试，与学生直接交谈。在一次面试时，有学生问了他这样一个问题。

**是否会惩戒强迫员工无薪加班的行为?**

面对学生们对工作方式的不安，石川社长从两个角度进行了解释。

第一，Cross Company 今后将更加致力于遵守法令。

为了做到彻底地遵守法令，公司内甚至制定了以“严厉惩戒强迫员工无薪加班的行为”为首的严格规定。Cross Company 以各种形式向每名员工宣传这一规定，以便将该规定贯彻至公司每一个角落。此外，为了不错漏任何违反法令的行为，Cross Company 每周都会向员工发送邮件进行问卷调查，确认员工“是否进行了无薪加班”“是否被迫接受了不正当的工作方式”等等。

第二则是 Cross Company 至今为止的经历。Cross Company 在公司创业初期等成长期间曾经出现过一些让员工长时间工作，或者是无薪加班的现象。石川社长向学生们解释了当时的情况，并且在此基础上强调说：“近年来我们一直致力于不再重蹈覆辙，希望你们能够明白这一点。”

对坚持只雇用正式员工的 Cross Company 来说，工作方式的重要性愈加显著。石川社长深刻认识到了这一点。

第2章

# 说教没有任何意义！钻研销售的战略规划

在销售额停滞时，责骂员工是毫无意义的。
通过制定提高员工服务水平的战略规划，员工会主动改变自己的行动。
此时需要的不是说教，而是战略规划。

## 接待顾客是一门技术！
## 从 3000 人当中选出最杰出者！

说教员工并不能提高员工接待顾客的水平。

最重要的是制定好促进员工主动提高服务能力的战略规划。

通过服务竞赛、增加接待顾客的时间等措施，促进销售额的增长。

2013 年的“Cross 最佳之星”

Cross Company 的石川社长一直十分讲究"销售"工作，并精心钻研了销售的哲学与战略规划。

毫无疑问，员工为顾客提供的服务是提高销售能力的关键。但是，对一名干劲不足的员工进行说教"打起精神来接待顾客"，其实毫无效果。而且责骂销售业绩不好的员工，也很少能够提高他们接待顾客的技术，反而容易让员工或是陷入沮丧的情绪，或是想要进行辩解反驳。石川社长断言："从这一意义上来说，说教是毫无意义的。"

公司需要重视的是让员工积极主动地提高接待顾客的技术。Cross Company 制定了许多战略规划来促进员工的能动性。石川社长将这些战略规划称为"有意识的行为变革"，并解释说："光是嘴上说着提高顾客满意度是没有用的，需要制定一系列战略规划让员工主动改变自己的行为。"

## 评选最佳服务销售人员

"有意识的行为变革"的代表性举措便是"Cross 最佳之星"。

Cross Company 公司内部每年都会举行评选最佳服务销售

人员的比赛，参赛者不光是日本国内的员工，在海外负责销售的员工也同样包括在内。因此，参赛者达到约 3000 人。每年进行一次比赛，从中评选出当年的冠军。

尽管该比赛是以负责销售的员工为对象，但并不是以销售额为评判标准。比赛有一个显著的特点，即用角色扮演的方式模拟平时在店内接待顾客的场景，并比较销售员们的服务水平。

从每年 7 月开始，Cross Company 逐步进行店铺预选、地域预选、赛区预选等等。10 月召开总决赛，地点是在高级酒店。

在预选中胜出的约 25 人分别按次序登台，在 7 分钟的比赛时间内进行接待顾客的角色扮演。比赛中将舞台布置成店铺，顾客的角色由专业演员来扮演。参赛者戴着麦克风说话，而且用大屏幕放映出来，所以整个会场都能看到他们是如何接待顾客的。

不仅仅是国内的销售人员，在中国及中国台湾店铺中赢得预选资格的员工也会出席大会，这些海外的参赛者借助翻译进行接待顾客的角色扮演。会场中洋溢着总决赛的热烈气氛，出演电视广告的女演员宫崎葵小姐也送来祝福，指导参赛者的上司以及总公司、总部的员工们也组成啦啦队为选手们送上最热烈的声援。

## 制定战略规划促进员工有意的行为变革

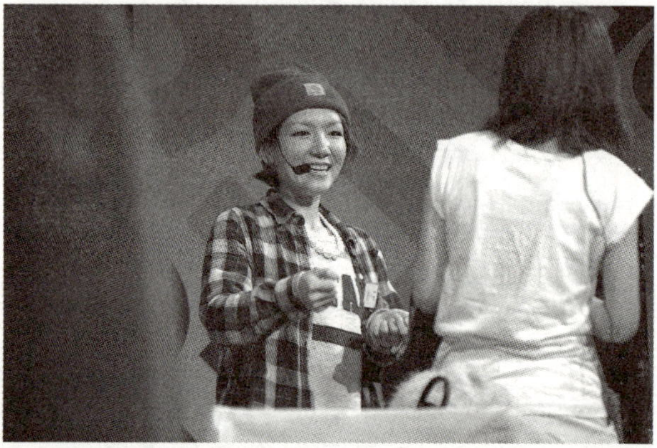

员工通过若干次模拟在店内接待顾客的角色扮演，突破预选之后争夺“Cross”最佳之星

在总决赛的舞台上，有些人在进行角色扮演时能像平时一样为顾客提供细致周到的服务，也有些人会由于紧张而发挥失常。最终，服务最为出色的员工将被评选为“Cross 最佳之星”。

## 促进员工自己主动练习

在“Cross 最佳之星”预选赛约一个月之前，各店铺便开始主动进行接待顾客的角色扮演练习。在上司的指导下，员工们通过 OJT（职场内训练）提高自己的待客水平。

石川社长认为举办该比赛具有重要的意义，他自信地说：“通过举办这一比赛，可以让销售一线的员工认真地思考问题并投入到接待顾客的训练当中。如今我们在日本国内已经拥有 600 家店铺，Cross Company 之所以能够向顾客提供水准稳定的服务，很大原因是得益于‘Cross 最佳之星’比赛。公司正是通过这一比赛维持和提高自己的服务水平。”

想要从众多参赛者中脱颖而出参加总决赛，不光是销售人员自己需要努力练习，上司的指导能力也至为关键。因此，在获奖员工的表彰仪式上，上司会与获奖者一同登台领奖。

前六名获奖者的奖励是欧洲培训旅游，其中指导前三名获奖者的上司也同样可以参加欧洲培训旅游。

在培训旅游当中，获奖员工及其上司将在巴黎的高级酒店住宿，通过体验一流的服务来学习理想的服务态度。石川社长也会参加该培训旅游，从中与员工加深沟通与交流。在“Cross 最佳之星”比赛中获得优胜的员工将来也会指导自己的下属，有一天他们还可能会成为这一比赛的组织者和评委。公司希望以比赛为契机，提高员工总体的服务技术水平。

“Cross 最佳之星”是 Cross Company 公司内部举行的活动，然而现在在公司外部也逐渐开始为人所知。这有助于公司招募优秀的员工。据说，在面试应届毕业生时，每年都有人表示：“我来应聘 Cross Company 是因为我希望参加‘Cross 最佳之星’比赛。”

我们时常可以见到时尚购物中心等机构举办类似的服务竞赛。然而，很少有公司会将其作为公司内部的活动，并且在全国以及海外范围内花费相当多的时间与成本来组织推广。而 Cross Company 却一直致力于此。

“Cross 最佳之星”的评委不仅仅只是 Cross Company 的高层，还有客户公司的干部。审查委员会长由石川社长担任。

令人惊讶的是，审查的项目与审查标准比我们所想象的要详细得多。审查时用数值来衡量每一项目的完成度，并通过总分来进行客观评价。除了“仪容”等简单易懂的基础项目以外，还将接待顾客的技术详细分解为多个项目，这充分说明了 Cross Company 将接待顾客当成一门技术的态度。

比方说，“交谈能力”项目的审查标准是员工能否在倾听顾客话语的同时，发现顾客所需求的商品，即需求确认。在需求确认时值得注意的是，如果销售人员只顾着自说自话，反复向顾客询问问题，就容易发展为“强迫式推销”。销售人员应该退一步，让顾客多开口说话。比如，从顾客的神情推测其需求时，不要询问顾客“您今天是想要看看外套吗”，而是“现在已经入秋了，今天您想看看什么呢？”像这样，重点是能否收集到与顾客需求相关的信息。石川社长解释说：“通过与顾客直接交谈，掌握顾客的信息。然后考虑能否与顾客建立起信赖关系，让顾客主动诉说在服装方面的烦闷与苦恼。需求确认最理想的方式是发挥出医生的作用。”

## 通过竞争来提高员工动力

获得2013年“Cross最佳之星”的仓岛郁美（右）与上司藤井优子（左）。

包括两人在内的前几名获奖者所获得的奖励为欧洲培训旅游

此外，“建议能力”也是审查项目之一。在这方面出现问题的许多销售人员容易以自己的喜好为基准来向顾客提供建议。然而，这样无法与顾客之间建立起信赖关系。在服装搭配中最重要的一点是，根据每名顾客的不同情况，分析其是否适合这一商品。石川社长解释说：“我们可以从时尚杂志的做法当中得到启发。时尚杂志通过各种形式将其读者对象限定于某一风格类型。同样，当顾客光临店铺时，销售人员可以首先将其定位于某一时尚杂志的风格，这样的话就能很容易提出建议了。”

获得2013年“Cross最佳之星”的仓岛郁美（26岁）在入职3年5个月后首次参加全国大会时便夺取了胜利的桂冠。仓岛与指导她的上司——“earth music & ecology”店铺管理地区监管员藤井优子一起登上舞台，从石川社长手中领取了优胜奖杯。

仓岛也曾经为迟迟无法成为店铺负责人而苦恼。然而在藤井的指导下，她克服了这些困难。在表彰仪式上，仓岛含着眼泪说：“我在舞台上很紧张，但我依然努力像平时一样去接待顾客。这次终于可以向入职以来一直关照我的藤井女士报恩了。”

## 每年减少25%的接待顾客以外的时间

促进销售人员主动改变行为的战略规划并不仅仅只有

"Cross 最佳之星"比赛。比方说，Cross Company 制定了"削减 25%项目"，在该项目中为了让在店铺工作的员工能够将精力集中于接待顾客上，推进了减少浪费时间的工作。

店铺员工除了接待顾客以外，还需要进行清扫、电话应对、商品进货、事务性工作等各种各样的工作。很多时候，实际花费在接待顾客上的时间十分有限。面对这一情况，石川社长认为："如果接待顾客以外的工作占用了大量时间的话，员工会感到疲惫，这样就很难为顾客提供高质量的服务。"

为了改变这一状况，Cross Company 推行了"削减 25%项目"，目标是将店铺中接待顾客以外的工作每年减少 25%的工作量。就像制造业的改善工作一样，使用秒表依项详细测量接待顾客以外的工作时间，并努力减少时间的浪费。比方说，引进快速收款、重新研究清扫工具、改变库存管理方法等等，通过各种努力提高成效。然后把浪费在这些工作上的时间用于接待顾客，这样有利于提高销售额。

石川社长指出："员工在无法为顾客提供满意的服务时，光是对其说教是没有意义的。重要的是找出问题点在哪，然后创建改善问题的战略规划。这才是经营者的重要任务。"

# 石川康晴的观点

## 优秀的店铺负责人有三个共同点

Cross Company 以团队为单位为每家店铺分配营业额指标。以前也有过一段时间为个人为单位分配指标，但现在已经取消了。因为以个人为单位的话，总是会出现“这是哪个员工的顾客”之类的观点。当那名员工休息时，有可能无法为他的顾客提供满意的服务，造成销售机会的流失。而以团队为单位的话，一家店铺里的所有员工都可以为同一名顾客提供满意服务。为了贯彻这一团队制，Cross Company 的人事评价表格里还有“为其他员工介绍顾客”这一项目。

指标完成度很高的店铺一般分为两种类型。一是新开张的店铺，这个我相信大家都很容易理解。二是拥有优秀店铺负责人的店铺。那么，什么样的店铺负责人才算是优秀呢?我认为有三个条件。

第一点是想将所有下属都培养为未来的店铺负责人。通常许多店铺负责人只会培养辅佐自己工作的“二把手”员工，然而优秀的店铺负责人会对所有员工一视同仁地进行培养。一开始可能有些累，但是在半年之后，店铺里的所有员工都可以完成与店铺负责人一样的工作。像这样通过提高每个人的能力来提高指标完成率。

第二点比较特别，就是率先为店铺员工举行生日会。公司里的统计数据表明，店铺负责人为员工召开生日会的店铺不仅离职率低，而且晋升的人数也更多。我觉得这是因为通过生日会提高了团队的凝聚力。

第三点是充满热情地召开早会。想要提高销售额，开朗向上的态度也是非常重要的。

近几十年来，销售人员的工作发生了巨大的改变。就在不久前，销售人员还可以通过诸如“这商品是在哪家工厂制造的”之类的销售技巧与顾客交谈，并广受顾客欢迎。然而最近光靠这些已经很难行得通了。近年来销售中最重要的是如何为抱有各种烦恼的顾客提供好的建议。越来越多的顾客开始希望“得到好的建议”。

## 通过模拟店铺提高待客能力

为了提高员工的待客能力，Cross Company 充分利用 CS 培训中心。

负责销售的员工通过模拟店铺进行实践性训练。

不依靠个人的技术，而是通过组织来提高服务水平。

位于千叶县柏市的 CS 培训中心

为了提高员工接待顾客的水平，Cross Company 设有专门的训练设施。

那就是 2012 年在千叶县柏市创建的 CS 培训中心。

建筑面积约 500 平方米，设施内拥有两家与真实店铺一模一样的模拟店铺。模拟店内陈列着真实的服装，并设有 8 个收银台和试衣间。同时还设立了可以容纳 60 人的会议室以供讲解。

Cross Company 希望通过让员工在该中心进行培训，将接待顾客的水平提升至通过组织来进行提高，而不再依赖于个人的技术。

## 在模拟店铺中反复进行角色扮演

利用模拟店铺进行练习的方式是角色扮演。员工可以有效利用整个店铺的设施进行实践性训练。

首先，由几名员工组成一个小组，他们一边聆听员工讲师的讲解，一边确认自己应该站在模拟店铺的哪个位置上。然后让扮演顾客角色的员工走进店内。在角色扮演中不断地摸索当接待该名顾客的员工提供服务时，其他员工应该如何走动才会更加有效。

比方说，假设店内有三名员工，站在入口附近的员工 A 向路过店铺前方的顾客打招呼，以便达到提高顾客入店率的效果。此时 A 要注意自己所站的位置，以便向 5 米开外的顾客打招呼。剩下的两名员工并排站在比店铺中央更靠前一点的位置，视线不要太往前，为顾客打造一种易于入店的气氛。

在接待顾客时，基本上都由一名员工来接待一名顾客，即"一对一"。当扮演顾客角色的员工走进店铺时，员工 A 马上开始为顾客提供服务。这时，剩下的两人中，员工 B 走到刚刚员工 A 所站立的入口附近，接替发挥提高顾客入店率的作用。而另一名员工 C 则稍微改变位置，观察店内的整体情况。

由于店铺的运营情况在平常与促销时段有所不同，因此在模拟店铺里会进行各种场景下的角色扮演。

在练习中，随时可以听到讲师为员工们进行指导，比如"员工之间的相互交流很重要""一边整理陈列，一边在顾客周围待命。注意不要背对顾客"等等。店内员工的行为培训比想象中更加系统化，甚至有点像足球等运动的队形训练。

# 通过模拟店铺反复练习

有效利用两家模拟店铺与培训室，不断提高员工的待客水平

由于中心内设有两家模拟店铺，因此可以同时进行内部装修与商品构成均不同的品牌的服务训练，还可以将员工分成两组，让她们互相评价对方的角色扮演等等。

## 热情地向顾客打招呼

除了这些工作以外，在模拟店铺中还能再次确认向光临店铺的顾客打招呼以及送行等基本动作是否规范。讲师向员工们传授了许多技巧，比如“很多时候店员尽管是在向顾客打招呼，但是并没有注视着顾客。在打招呼时注意要将身体朝向顾客”“就算是在很远的位置，也要注意热情地打招呼。”这些内容看起来是理所当然的，但是在实际工作中却很容易被忽略。

同时讲师还向员工讲解了一些关于商品陈列的知识与技术。员工在会议室中学习到视觉营销（VMD）的专业用语及基本思路后，可以使用实际陈列于模拟店铺内的商品，学习有效的陈列方法。其中包括许多石川社长在创业期间亲自经营店铺时收获的各种内部知识。

模拟店铺使用的日常用具与实际店铺几乎一模一样。因此，讲师还能向员工传授“不浪费时间的清扫方法”“整理货架的有效方法”等实用性很高的工作技巧。负责培训工作的人才开发室培训组的木下世里加指出：“培训程序都是由公司内部独创开发的，讲师也由员工来担任。CS 培训中心成立以来，员工能够通过角色扮演等方法进行练习，培训效果比以前更加显著。”

该中心承办了店铺负责人预备培训、新员工培训等各种各样的培训活动。其中效果最明显的是以社招员工为对象的培训。

石川社长说：“社会招聘的员工由于周围没有同期入职的员工，所以培养与周围的连带感会有些困难。然而，CS 培训中心成立之后，社招员工可以与更多的人一块参加培训。这样他们就能与许多同期入职的员工进行沟通交流。”

## 通过视频制作工作

CS 培训中心还有另一个重要的作用。那就是制作“全球化视频工作指南”。

Cross Company 不仅仅停留在日本国内发展，现在店铺已经正式进军中国。因此，让在海外工作的当地员工也能了解 Cross Company 为顾客提供的服务变得越来越重要。在此之前，公司将用日语制作的服务指南书翻译成各国语言并分发给员工们。

但是，无论书面指南做得多么详细，还是会有许多光靠文字无法表达详尽的细节部分。尤其是在接待顾客的服务方面更加显著。随着海外店铺的数量逐渐增加，石川社长深刻地感受到了这一点。

全球化视频指南正是通过充分利用视频的作用，更加简单易懂地阐述 Cross Company 服务的一项举措。可以说其目标是通过“用眼睛观察接待顾客的指南”，将海外店铺的服务水平努力提高至与日本相同的高度。

视频指南的内容都是原创的，其核心内容用文字难以充分表达。视频中加入了各种设定场景，简单易懂地解说打招呼的技巧以及提高顾客满意度的服务诀窍等等。

## 通过视频简单易懂地表达

为了适应全球化发展，通过视频让海外店铺充分理解Cross Company的待客之道

此外，由于 Cross Company 旗下拥有各种品牌，曾有海外员工表示“不好理解”。为了回答海外员工的疑问，Cross Company 还制作了公司组织的相关视频。

在制作视频时，也充分利用了 CS 培训中心的模拟店铺。模拟店铺与实际店铺使用相同的日常用具与假模特，这样可以再现出实际的服务，非常简单易懂。视频中由监管员与店铺员工来扮演店员与顾客。由于模拟店铺一直使用的都是与实际店铺相同的设备，因此很方便制作视频指南。完成的视频指南还会反复检查是否有难懂的部分，不断地改进内容。

石川社长说：“许多光看文字无法理解的内容通过视频就能理解了。想要推进公司的全球化发展，我觉得让员工观看视频是非常重要的举措。”

完成后的全球化视频指南在加上中文、英语等字幕后，被发送往世界各地。在店铺数量剧增的中国，每当有新店铺开张时，Cross Company 都必定会让当地员工观看这一视频，现在这一体制已经确立下来了。今后也将通过视频简单易懂的介绍说明，将员工的服务提升至更高的水平。

## 缩短开店准备的时间

CS 培训中心还致力于其他各种事项。比如为了提高业务效率，利用模拟店铺进行实验等等。

根据 Cross Company 的分析，服装企业在开设新店时，在建筑物建成后要完成店内装修、商品搬入以及陈列的工作通常需要花费几天到一周的时间。

然而，Cross Company 通过利用 CS 培训中心进行各种模拟实验，缩短了开店准备的时间。其结果是，“earth music & ecology”品牌的中型店铺只需要两天、小型店铺只需要一天时间就能完成准备。像这样，Cross Company 通过缩短开店准备时间，提高了业务效率。

## 石川康晴的观点

**现场的财富堆积如山**

**可以看到店铺与总部的课题**

我现在依然尽量去店铺进行视察工作。我所关注的重点是“是否能让顾客心情愉悦”。

顾客自己话说得越多，就会笑得越开心。而且这肯定是在店员倾听顾客说话并微微点头的时候。我觉得这样的店铺就是可以倾听到顾客真正需求的好店铺。而不好的店铺则是顾客板着脸点头，店员在笑着说话。这样的话无法明白顾客所需要的是什么。日本的零售业也好，全世界的零售业也好，基本上都属于后者。

在视察中，店内是否整洁也是十分重要的注意点。这看上去是一个基本问题，但是有时却会因为各种原因而无法做到。

店员向顾客打招呼也非常重要。在好的店铺中，店员会热情地向顾客打招呼，而不好的店铺则非要我靠近店员，他们才会打招呼。更差的店铺则是当有顾客光临时，店员反而更加优先向我打招呼。

当有值得注意的问题时，我会告诉店铺负责人、监管员和事业部的负责人。由于一次视察中会发现许许多多的问题，所以我在访问多家店铺时，会在去往下一家店铺视察的途中用手机打电话告诉店铺负责人我注意到的问题。有时说得太多声音甚至都有些沙哑了。

这么一说，也许会有人认为“店铺员工表现得有那么糟糕吗?”但事实并不是这样。说实话，现在对 Cross Company 旗下的店铺进行视察时，我没有感觉到哪家店铺“接待顾客的服务糟糕”。出现问题的原因几乎都在于总公司与总部。

比方说，有时店铺的美化工作做得不够到位，追究“为什么会弄成这样”时，发现是因为搬运公司的人在搬运商品时正赶上店铺最忙的时间。因此，员工抽不出空来整理店内了。这时应该考虑到问题不是出在店铺现场的员工，而是总公司的物流方面。于是我让人马上打电话询问能否更改搬运商品的时间，改善工作流程。通过店铺视察不仅能发现店铺的问题，还能发掘出公司战略规划的问题。就算一切很顺利也必须进行反省，店铺现场可谓是拥有“堆积如山的财富”。

## 通过各种形式不断尝试店铺的可能性

为了让员工尽可能地发挥出接待顾客的服务能力，Cross Company 的店铺在许多细节方面做出了努力。

有时还进行一些实验，重新审视过去的方法。

通过有效应用数据与现场的感觉，不断摸索销售方面新的可能性。

每天每家店铺都必定举行早会

在零售业，开张一段时间的店铺提高销售额比新店铺要难很多。当各大公司都在想方设法解决这一问题时，Cross Company 则在反复进行名为“科学的现有店铺存活对策”的独特实验，不断地改善店铺内的陈列配置计划（Lay-out）。

## 通过改变陈列配置计划，反复进行试误（Try and Error）

这一努力体现在方方面面的细节上。

比方说，收集一系列关于店内日常用具摆放位置的详细数据，思考“将其从入口处向内侧移动 30cm 时，会给顾客入店率带来怎样的变化”“移动 50cm 时入店率会出现多大差异”等等。根据星期几等因素来考虑变动的情况，并以一周为单位积累数据，定量地调查改变陈列配置计划的效果。

负责实施这一现有店铺存活对策的不是店铺负责人，而是由公司管理者直接担任。管理者们都有自己负责的区域，并且会对该区域内的店铺进行定期巡查。此时事先假定店铺的陈列配置计划，在访问时进行实证性实验。管理者会从人体模特的陈列方法与数量、日常用具的摆放方法及其与店铺宽度的关系、库存的数量等各种各样的角度反复进行实验。

其结果是，将有实际效果的方法作为案例研究的资料进行保存，并在公司内共享。这些资料可以应用于许多方面，比方说用于负责数家店铺管理的监管员的教育培训中，监管员可以利用这些资料向苦于销售额无法增长的店铺负责人提出积极的意见。

科学的现有店铺存活对策并不一定能够保证成功。有时也会迟迟难以取得成效，有时甚至会起到负作用。但这些困难并不能阻挡探索的脚步，Cross Company 一直提出各种新假说，不断地摸索比过去更加有效的方法。

石川社长指出：“恐怕没有几家服装企业会像我们那样坚持尝试。最重要的是不畏惧失败，反复进行试误。因为在此基础上终会收获成功，所以很有意义。”

虽然初看并不明显，但仔细观察时，我们可以注意到 Cross Company 的店铺通过各种各样的形式引进了这种逻辑下积累的假说与实验成果。通过这样锲而不舍地研究现有店铺存活对策，达到了持续提高销售能力的目标。

## 改善陈列配置计划，不断提高销售效率

通过改善店内日常用具的摆放位置与库存，不断提高销售效率

## 在店内实验“接待顾客是否有效”

不光是店铺的陈列配置计划，Cross Company 还进行了一些独特的实验重新审视过去接待顾客的方法。

“接待顾客与销售额之间的相互关系”验证了“销售人员接待顾客与不接待顾客时，销售额会有多大差距”，这一实验可谓是诘问了零售业一直以来所重视的接待顾客这一工作本身的意义。

实验的开端是石川社长的毕业论文。

石川社长在繁忙工作的同时，还在职就读了冈山大学，一时间身兼经营者与学生两种身份。为了迎接 2013 年 3 月毕业，在选择毕业论文的课题时，石川社长希望用在大学里学习到的经济理论来验证自己的企业经营。在经过深思熟虑之后，石川社长选择了“接待顾客与销售额之间的相互关系”为课题。

实证性实验的舞台被选为公司的旗舰店“earth music & ecology super premium”空町店（东京·墨田）。这是只有经营者才做得到的一项尝试。为了验证自己的假说，石川社长在一段时期内以不接待顾客的全新形式进行销售。

其结果是得出了“接待顾客与销售额之间没有相互关系”的结论，石川社长在该数据的基础上完成了毕业论文。而且不仅仅只收集了一家店铺的数据，之后在其他店铺也进行了实验，得出的结果是完全一样的。

石川社长指出：“通过之前研究的结果，可以看出与销售额直接相关的因素与其说是接待顾客，毋宁说是整理和维护店内商品的人数。”

当然，石川社长自己也非常清楚，通过接待顾客来争取店铺的粉丝会使回头客增加，从中长期的视角来看颇具效果。尽管如此，为了发现更加有效的办法，石川社长一直以动态的观点来观察自己公司的经营方法。

## 根据销售情况，每月 20 号后采取相应的措施

Cross Company 的店铺每天在开店前都会以店铺负责人为中心召开早会。除了一项项确认总部通知的事项以外，所有人还会一起高声朗读“笑脸”“优先接待顾客”等“待客五条”。

有些店铺还会在早会时跟店内所有人确认当天的预算

（销售额目标）。总部事先将预算以月为单位分配至各大店铺，之后各店铺会制定每周的促销计划。店铺负责人根据该计划来决定每天的预算。同时，店铺负责人还需要判断达成该预算所需要的员工人数，并根据员工的意愿来安排人员轮班。

Cross Company 不会以个人的销售额为对象进行评价，而是让各大店铺采用团队制，把握从年度预算到每日预算的完成情况。员工们在认识到团队所需要达成的数字的基础上，每天为了完成这一目标而努力。

每月 20 号之后，总部的负责人会检查各个品牌旗下店铺的预算完成率，从中发现销售业绩不佳的店铺。总部的负责人会与这些店铺的负责人进行商谈，在剩下的 10 天时间内采取促销手段或者是散发纪念品等方法。折扣率等方面要考虑到商品的库存情况，由总部来决定。

库存多的商品在投入卖场一个月左右时间之后，将随着时间的流逝而加大折扣的力度。尽量在大减价活动之前全部售完，这样才能提高库存的周转率。石川社长说："Cross Company 的店铺每年周转循环 13 次。在日本服装界，我们的库存周转率是最高的。"

# 积累提高服务能力的技巧

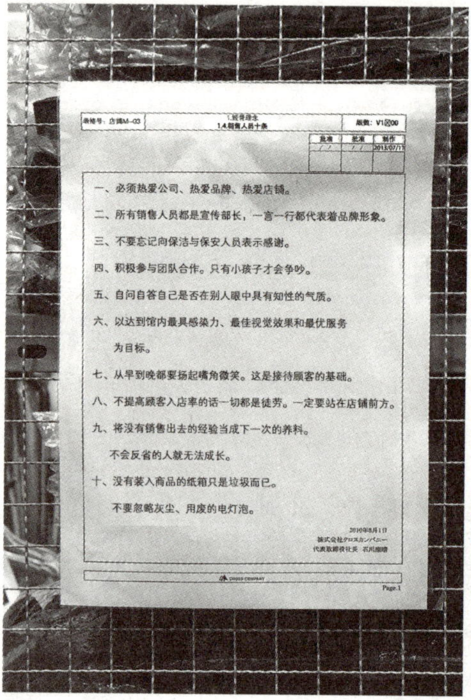


松井美织在“Cross之星”店铺所有员工排名中获得第三名。仓库里贴有“销售员守则十条”与反映时尚潮流的资料

Cross Company 在每个季度都会对预算完成度高的店铺进行表彰。预算完成度的数据直接与员工的晋升和奖金挂钩。说得具体一点，晋升的指标中“半年间内预算完成情况”占50%，“必要工作的完成情况”占 50%。

话说回来，服装界有一大特点，那就是销售额会根据流行趋势而大幅变动。在公司整体的销售情况处于停滞状态时，一部分品牌会将品牌总体的平均预算完成率与各大店铺的完成率进行比较。

此外，Cross Company 在仓库方面也花费了不少心思。

张贴在墙上的“销售员守则十条”归纳了石川社长通过精品店创业、亲自站在店内进行销售时所认识到的事项。其中包括“向保安人员打招呼”等非常注重细节又具有实践价值的内容。此外，还有许多员工将各季流行时尚制作的照片贴在里面，以便为顾客提供建议时进行参考。

对于总部主推的商品款式，Cross Company 每天都会制作店铺与个人的销售排行榜。

## 让顾客为员工投票

不光是销售额，Cross Company 还引进了各种各样的排行榜。

“Cross 之星”是由负责接待顾客的员工交给顾客“投票卡”，让顾客在指定网站上进行投票而选出的。这一制度一直保留至 2013 年 8 月，公司会定期计算所有店铺与每名员工的排名。而各大店铺最受欢迎的员工会在店内佩戴“Cross 之星”的徽章。

实施这一计划的目的是为了提高员工的服务能力，以及进一步加强员工与顾客之间的关系。松井美织在全店铺员工排行榜中三次获得第三名。她说：“我将投票卡当成名片发给顾客，并请求顾客‘请您记住我的名字’。”

松井在大学毕业后已经入职三年时间了。她微笑着说：“因为 Cross Company 拥有一系列适合女性工作的战略规划，可以进行各种各样的挑战，所以我选择了它。入职后我深刻地感受到公司的发展十分迅速。”

松井现在在“earth music & ecology super premium”札幌 apia 店（札幌市）工作。她在 2012 年至 2013 年，连续参加了两届公司内部举办的接待顾客比赛——“Cross 最佳之星”。松井说：“想要让顾客满意，首先自己也要以愉悦的心情来接待顾客。因此，我在接待顾客时有时会加入一些稍稍夸张的肢体语言。”

## 石川康晴的观点

[ **将店铺的员工聚集到总分司、总部提高与公司的连带感** ]

Cross Company 有一张“成为店铺负责人之前的工程表”。其内容总结了员工在店铺里工作时所必需的基本技能。刚刚入职的员工首先根据这张工程表来提高自己的业务水平。最初的目标就是达到工程表的要求。

而对于工程表的项目全部合格的员工，无论其是否想要成为店铺负责人，都会让他参加店铺负责人预备培训。这是因为考虑到公司的事业处于不断发展的阶段，我希望越来越多的员工能够胜任店铺负责人一职。同时，培训结束后，有些员工会感觉“既然大家都在做，那我也试试看吧”。当然，如果有员工“还是不愿意成为店铺负责人”的话，公司并不会强迫他们。

而在晋升为店铺负责人时，员工需要接受各大品牌的负责人的面试。此时的面试场所并不是在店铺，而是必须请其前往总公司和总部。

这是因为，我认为让总部与店铺的员工直接见面是十分重要的工作。负责店铺管理工作的监管员在就任时也必须来总公司、总部。通过这些努力，让他们充分认识到自己是Cross Company的一员。

为此，公司可谓是不惜血本。就算需要花费将近十万日元的住宿费与交通费，让总部的管理者与店铺员工说上半小时的话，也必须让两者直接进行交流。管理者当面鼓励员工“加油干”。这一点是非常重要的。

我一直向总公司、总部的员工强调，不要让店铺有“摆架子的总公司、总部”这种感觉。

一般来说，尽管处于同一公司，但总公司与店铺的立场有所不同，所以容易产生内部矛盾。如果总公司对所有事情都从“上级的角度”进行命令的话，公司将无法顺利地运营。我深刻地感受到，总公司、总部应该成为支援店铺的“店铺支持部”。

**COLUMN**

## 向松下幸之助学习商业心得

石川社长在企业管理方面受到松下集团的创始者松下幸之助巨大的影响。

石川社长一有时间就会阅读松下先生所写的书籍，并且屡次提到过松下先生的思维方法。如今，Cross Company 的企业规模日益扩大，但石川社长依然经常反复阅读幸之助的著作与名言。引领流行时尚的女性服装企业家与昭和时期著名的经营者乍一看相差悬殊，然而石川社长从幸之助的话语中借鉴了许多超越行业与时代的真谛。

石川社长尤其感动于松下先生的商人道德。

如今有许多参考书籍指导人们分析商业逻辑，制定具体的经营战略。然而从商业精神方面值得学习的书籍却寥寥无几。石川社长说："松下幸之助的书中记载了企业道德与做生意时的思想准备，以及经营家应该具备的素质，这些都是很好的借鉴。想要发展企业，精神方面的努力是尤其重要的。"

在创业期完全没有顾客光临店铺时，石川社长想起了幸之助曾经说过的“卖不出去就先打扫”的话语，于是埋头清扫店铺。在不断地清扫整理中，店里自然充满了活力，气氛焕然一新。如果销售业绩不好就只坐在椅子上读读报纸打发时间的话，恐怕就不会有今天的 Cross Company 了吧。石川社长深刻体会到幸之助从实践中获得的商人哲学具有多么沉甸甸的分量。

**在脑海中将阅读的内容联系在一起**

石川社长在阅读书籍时，尤其注重“自己独特的阅读方法”。

随着时间的流逝，就算得到公认好评的经营书籍也难免有些内容让人感觉“不适应当今的时代”。有时读者还会根据自己的商业经验而认为“这恐怕说得不对吧”。

石川社长说：“我在阅读时并不是说要参考借鉴书籍的全部内容，而是以自己觉得‘不错’‘原来如此’的内容为中心进行阅读。我会在脑海中将从各种各样的书籍中学习到的知识像拼图一样联系在一起。”

第3章

# 通过电视广告维系整体战略

雇用正式员工，在整体战略中为通过培训所培养的“待客技术”进行明确的定位。

缩小业务领域，提高效率，集中创建小型店铺。

# 集中宣传某一商品

Cross Company 通过集中创建小型店铺的方法得到了迅速的发展。

将宣传战略与店内接待顾客联系在一起。

开发主要集中于设计，生产和物流都外包出去。

电视广告与店铺的宣传产生互动

零售业的连锁经营分为几种形式。有些企业像永旺一样开设大型店铺，也有些公司像便利店、星巴克咖啡等一样开设小型店铺。

SPA 当中，日本迅销公司所开设的优衣库大型店铺十分引人注目。而 Cross Company 则选择在百货商场或购物中心大量开设小型店铺。

从商业模式来看，Cross Company 的开店战略接近于星巴克与便利店。这些店铺一旦顾客较多需要排队时，就会在附近开设新的店铺。Cross Company 也是一样，当某家店铺的顾客超过一定数量时，会在周边集中开设新店铺。每家店铺的销售额目标为 1.4 亿日元，在此基础上展开商业活动。

小型店铺的一大特点是库存不多。石川社长分析说："店铺大型化会提高在店内工作的每个人的生产率。但是从库存的生产率来看，还是小型店铺更能发挥优势。对每季都有流行趋势的女士服装来说，我觉得还是小型店铺比较适合。"

女士服装的营业利润会因为每季商品的畅销与否而变化极大。小型店铺由于库存量少，所以相应地风险也要小。Cross Company 在装修成本方面下工夫以降低初期投资，以现在的财务状况，即便每年开设 50-100 家店铺也不需要贷款。

然而正是因为库存少，小型店铺如果不提高库存周转率的话，也很难增加收益率。因此，相比以大规模店铺为主的SPA 70天左右的库存周转天数，Cross Company的库存周转天数只有30天左右。

为此，Cross Company积累了独特的经验。

## 对在电视广告里宣传的商品反复进行接待顾客的角色扮演

其中之一就是集中宣传一种商品的战略。在序章中已经列举了电视广告与网络互动的交叉媒体战略方法，但Cross Company的独特战略并不仅仅只有这点。其他还有雇用正式员工、通过多种培训提高员工待客水平等等。

Cross Company事先会对在店内负责销售的员工特别强调在电视广告中出现过的商品信息。具体来说，在开始播放新广告的2~3周前，设计师会向各大店铺发送商品的详细信息。在此基础上，店铺让员工反复针对该商品进行接待顾客的角色扮演。

## 将“品牌理念”与“流行”结合

除了买手以外，许多时尚杂志的相关人员也会参加展览会。大家就商品开发互相交流信息

同时还要注意销售人员接待顾客的方法。Cross Company曾经有过一段时间将重点放在产品的材料与加工方法如何受顾客欢迎方面。不过，公司最近更加重视如何遮掩顾客的自卑之处，比方说“让臀部看起来更加丰满”“让腿看起来更细”等等。

总部的品牌负责人为了确认商品知识的渗透度，会突然向店铺打电话，通过“现在就在电话里介绍一下下周电视广告里播放的商品”之类的形式进行检查。

电视里播放的新广告中出现的商品必须陈列在店内最显眼的位置。总部宣传负责人在时尚杂志等媒体上进行宣传时，也会重点介绍该商品。石川社长解释说：“无论电视里播放多少广告，如果店铺销售人员没有该商品的相关知识的话，也会白白浪费销售机会。这样是为了最大限度地提高宣传效果。”

像这样集中宣传某一商品的战略，所参考的是大型日用品企业的做法。

日用品企业一直都十分重视向店员灌输商品知识，让顾客与商品亲密接触。这正是重视“现场能力”的思维方式。尽管这种想法在服装界并不常见，但石川社长从该方法中学到了许多。为了提高库存的周转率，Cross Company 不断地通过数据来把握商品的销售情况。

此外，为了贯彻集中宣传某一商品的销售战略，Cross Company 严格控制了商品的单品种类。同时严格挑选每款单品的颜色，以降低库存风险。

## 奢侈品牌中也有休闲的亮点

Cross Company 所销售的商品都是由公司自行研制开发的。其手法有许多独特之处。

产品都由公司亲自设计，主要分为两种方法。一种是源自品牌理念的设计，注意让产品不要脱离长久以来所建立的品牌印象。

另一种是建立在全球流行基础上的商品。通过杂志与卫星广播获取纽约、巴黎、米兰各大时装发布会中每季的流行因素。尽管 Cross Company 主打的领域是低价格、年轻化，但是通过加入流行最前端的因素，为商品的构成添加了一大特色。石川社长说："我告诉设计师，如何将奢侈品牌的元素融入到我们自己品牌的个性理念中去是最为重要的。"

为了把握流行趋势，Cross Company 会定期吸收时尚杂志编辑们的意见，比如“这种款式的衣服多一点更好”之类，并将这些意见应用于商品开发中。有时在一家店铺中投入两种风格截然不同的商品，会让店铺显得更具有活力。

Cross Company 在开发商品时的另一大特点是明确地决定公司员工的工作范围。在生产服装时，一般由设计师描绘好设计草图后，制作衣服的设计图——即打版。因此，几乎所有在上世纪 80 年代创业的服装企业都会有负责该工作的“打版师”。不少打版师在积累了一定经验后成为了设计师。

然而，Cross Company 只有设计师，打版工作全部外包给中国或东南亚的合作工厂。

# 严格控制总公司、总部的员工人数

东京总部的办公室按照事业部、各部门进行划分

确定好设计，通过商社设计比赛后，公司将设计图发给合作工厂。石川社长说：“我们的合作企业能力很强，一般把设计给他们一周时间后，就能打好版，并发送样衣回来。考虑到主打的女性休闲品牌的价位，我们公司没有请打版师。”设计师会对样衣进行轻微的调整，完成最终的商品。

实际上，最近越来越多的服装企业、SPA 开始采用这种方法。最早顺应这一潮流的 Cross Company 大幅控制了开发商品的人数。比方说，销售额约 320 亿日元的主打品牌“earth music & ecology”的设计师只有 6 人。包括决定商品分配的销售规划、将物流与店铺结合于一体的流通管理、品牌经理在内也只有 19 人。

## 工厂与物流也都交给外包

Cross Company 将设计交给位于中国或东南亚的合作工厂并订购商品。生产制造的流程与其他 SPA 并没有显著区别，不过交付商品的速度快达 45 天。

为了提高速度，Cross Company 会事先将全年生产量通知合作工厂，使其安心并优先进行生产制造。由于严格控制库存，所以会有许多小规模的订单，这也有助于提高速度。

而在物流方面，Cross Company 一直坚持海外到货的商品要在当天出货。因此，公司在这方面也正式引进了外包服务。位于冈山县濑户内市的“冈山物流”是公司自有的，但位于茨城县坂东市的“关东物流”以及中国上海的物流中心都是借助大型物流公司的设施。运营也外包给专业公司。

SPA 中一些公司十分注重物流，而石川社长认为：“只要战略规划做好，这种交给外包公司就能完成的事情没必要由公司亲自来处理。当然，因为公司现在正在向海外发展，不太清楚应该在什么地方建立物流渠道较好也是原因之一。”

Cross Company 坚持不亲自生产商品，也不亲自管理物流，同时精减商品企划的业务范围，将经营资源集中于销售方面。

## 石川康晴的观点

**“不使用调色板、只生产畅销的颜色”**

Cross Company 中层管理者的平均年龄为 35 岁以下，是一家十分年轻的公司。或许也是这个原因，我在数年前制定经营战略时，有时会感觉到“无法让大家很好地理解”。

于是，我将我的经营战略归纳为三个关键词。

第一是“低资产”。即在新开店时，控制花费在装修上的投资。第二是“高毛利”，即让业务效率化，推进 SPA 模型。第三是“库存周转数”，尽量将其压缩至极限。将这三个概念列举在一块时，浮现出的关键词即是“小型化”。我当时对中层管理者说:“如果你觉得难懂的话，就考虑一下如何才能运营好一家 70 平米以下的店铺就行。只要能做好这个，其他一切经营问题都会顺利解决”，这样才让他们理解。对 Cross Company 来说，集中开设小型店铺现在依然是提高重要的 ROA（总资产利润率）的战略之一。

像这样明确了战略核心的话，许多问题就迎刃而解了。比方说，想要追求高毛利、库存周转数的话，就需要限定商品款式与颜色。在 SPA 中决定某款商品的颜色时，有时候会如调色板一般将商品排列开来，然而 Cross Company 的想法却大不一样。简单地说就是坚持挑选“畅销的颜色”。不过如果因为这样，店铺的单品款式看起来比其他公司的店铺要少的话也不利于经营，所以 Cross Company 一直注意店内保持最合适的单品数量。

因此，Cross Company 对每款单品都是精挑细选的。Cross Company 旗下所有品牌在展览会举办的一个月前，都会为我展示商品的样衣。我现在仍然会检查所有商品的质量、流行性及价格。由于数量众多，全部检查完需要花费整整两天半时间。

在这一阶段，不采用或者是需要修改的样衣约占40%—50%左右。此外，即使设计优秀，如果价格战略不当的话也会造成经营失利，因此还需要检查价格，感觉一切都合适时才算合格。由于顾客是通过“外表”来购买商品的，所以需要从顾客的视角来考虑问题，很多时候会在这一阶段降低价格。

# 重视速度、有效率地做出逐项决策

石川社长一直注重决策的效率性。

在决定好目标的基础上，再研究具体对策。

同时以多种形式从公司外部寻觅并积极采用有利于公司发展的信息。

每周三次召开的经营会议的情景

Cross Company 东京总部现在每周会在早上 9 点到 10 点召开三次经营会议。作为一家创业 20 年的公司，参加会议的成员中相对来说年轻人比较多。而且由于是服装企业，所以潮人也很多。会议中不断地飘过各种数字，所有人集中在一块讨论。

每次开会，石川社长都必定会根据当天的数据来讲话。在此基础上，由品牌负责人——即品牌经理报告销售额状况以及战略的进度。此外，还要报告所发现的课题。

石川社长在听取品牌经理的解说时，每当有注意到的问题都会当场指出并下达指示，告诉他们需要突破的新课题。这一判断十分迅速。

对于无法当场解决的课题，会在明确负责人的基础上，划分提出对策的期限来研究对策。因此，会议中不断出现“具体对策”“目标”等词汇。石川社长说：“当今社会的信息流通十分高速，可以获得利润的期限也非常短暂，所以如果停滞不前的话很有可能会损失机会。正因为如此，我才一直注重决策的效率性。”

## 年轻员工在经营会议上提出3000万日元以下的方案

经营会议的特点并不仅仅是效率性。每次会议都会有数名在总部工作的20~30岁的年轻员工轮流出席。他们不仅是聆听石川社长与管理者们的议论，在会议的最后还会单独在石川社长等高层面前直接提出改善业务的建议，Cross Company一直坚持这一独特的努力。

每项提案的预算上限是3000万日元，这对年轻员工来说已经是非常高的数额了。因此，不少人在出席经营会议之前会跟上司商谈，在上司建议的基础上不断地完善提案内容。提案内容有许多旨在解决其所属部门平时的工作里所发现的课题，比如，“如果有这样的器材的话，业务效率就能提高到这个程度”“通过引进这样的战略规划，想将业务流程改变为这样”等等，十分丰富多彩。大部分人为了提高自己的说服力，会用具体数字来说明通过引进计划可以提高多少生产率。

## 年轻员工直接发表 3000 万日元以下的提案

石川社长当场
判断是否实施

石川社长在其中发现“这个挺有效的”计划时，就会当场决定“那就实施吧”。其中也有“实施但要附加条件”的事例。对于无法当场决定的计划，则促使其弄清楚不明确的部分与课题，再次审视计划。年轻员工出席这种与平时职场氛围大不一样的充满紧张感的会议，通过与社长直接交谈，也能培养业务技术水平。Cross Company 通过这一战略规划实施了许多措施。

## 对松下幸之助的“卖不出去就先打扫”产生共鸣

在总公司与总部，员工每天的工作从打扫开始。

在 Cross Company，办公室与商品展览室都是由员工进行清扫的。石川社长认为：“通过打扫房间，会自然而然地掌握对待顾客、商品、店铺的态度。清扫与为顾客提供服务是一脉相承的。”

其原因可以追溯至 Cross Company 创业之初的精品店时代。当时销售额迟迟不见增长，石川社长十分苦恼。此时他从松下集团的创办者松下幸之助的书中得到了经营的启发。幸之助曾经说过：“卖不出去就先打扫。”石川社长想着“那就按照幸之助先生所说的，先进行打扫吧。”

从晚上 9 点营业结束后到深夜 1 点的 4 小时时间内，石川社长独自打扫着小小的精品店。不光是地板，天花板也擦得干干净净，灯也取下灯泡来一个个擦净，收款机则取下螺丝加入润滑油。之后，店铺焕然一新，同时石川社长也看到了 SPA 这一新的事业方向。打扫的重要性可见一斑，石川社长甚至断定说：“从打扫洗手间的情况就能看出员工的工作态度。”

Cross Company 最近还开始了“大扫除日”。

在 Cross Company 总公司与总部工作的员工每月第三个周六需要上班。在第三个周六花费半天时间，进行公司内部“大扫除”。将不需要的用品收拾在一起扔掉，同时打扫平时不会注意到的细节部分。员工们会对自己办公桌周边以及所负责的公共空间进行彻底清扫。

在打扫过程中，随处可见员工们勤奋而忙碌的身影。有人用抹布将百叶窗一片片擦净，有人将椅子翻过来擦拭里面的部分。同时还不忘清洁垃圾桶的污垢。

此外，还会清洁平时很难搬动的复印机的内部。某名员工说：“我们会留意清扫平时清洁不到的地方，大家对这种打扫方式已经是习以为常了。”

## 召开分工会议

Cross Company 一直定期召开“分工会议”，以分配各项工作。

人们认为理所当然的每日工作中，其实包括了一些与利润无关的工作。为了提高收益性，在 Cross Company，石川社长会亲自以“能否产生利润”为标准来划分每个人的工作，并定期进行检查。

员工首先写下每天在哪些工作方面花费多少时间。在此基础上审视每个人的工作是否合适。这一过程参考了日本民主党政权时代政府分配工作的方法。

通过分工会议发现，每天的工作中会出现许多浪费的情况。比方说，通过调查发现，负责接待的员工花费在希望与 Cross Company 开展交易的公司打来的营销电话的时间比想象中要多得多。为了让他们集中精神于本职工作上，石川社长改变了电话应对的规则。这样，这名员工的工作效率有了显著提高。石川社长说：“通过分配工作，让员工更加明确自已所必须完成的工作。”

## “通过清扫能够了解员工！”

在“大扫除日”，彻底打扫总部、总公司

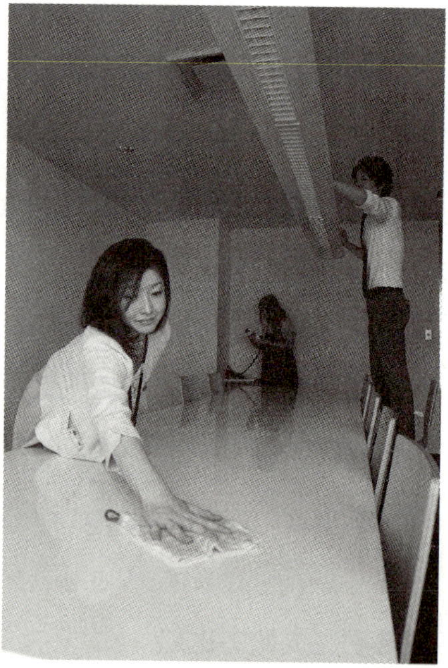

## 将每个员工的梦想结集成书

石川社长在看新闻节目时，或是与其他企业的经营者交谈时，或是阅读经营书籍时，一旦发现“觉得不错”的主意，就会积极地加以利用，分工会议正是其中一例。

“梦想之书”是另外一例。有次石川社长访问台湾时，发现当地某家餐饮连锁店的业绩发展得十分好，于是询问了原因。原来该企业有一本记录每名员工梦想的小册子。石川社长回顾当时说：“我再次体会到，让每名员工都拥有梦想是十分重要的事情。”

公司参考其制作了 Cross Company 版的“梦想之书”。约 2600 名员工手写了 2~3 行自己的梦想，并结集成书。

所收集的梦想并不仅仅是关于工作的内容。还有许多在未来的人生设计中“希望有这样的生活方式”之类的梦想。石川社长在第一页写下自己的梦想是“成为世界第一的服装企业”。其中也有已经“实现”了的梦想。某名员工的梦想是“想要成为 Cross Company 的社长”。石川社长得知后，将这名员工叫至总公司，让他体验了一天社长的工作。（可参照 P25 的照片）

## 不过度干涉被收购方

Cross Company 为了提高经营速度，一直在进行 M&A（合并与收购）。至今为止，公司将创建于美国的绅士高级服装品牌“Thom Browne NewYork”所属的 Thom Browne Inc.、旗下拥有面向年轻女性的休闲品牌“SM2（SAMANSA MOS）”及“Techichi”等品牌的 Can 公司收购入了集团旗下。

不过，M&A 并不一定都能成功。当收购方与被收购方的企业文化有冲突时，有时很难期待两者发挥出相乘效果。因此，石川社长对被收购方坚持“不强加 Cross Company 的想法，基本上采取什么都不做”的方针。在此基础上，首先让其实施“想要实现但是又没法实现的战略”。

比方说“Thom Browne NewYork”由于资金不足无法参加巴黎发布会，因此石川社长提出的方针是只要品牌希望，就让其去参加。而 Can 面临是开店战略等方面的课题，因此，Cross Company 与新店开发团队增加信息的交换，推进店铺数量的扩大。石川社长解释说：“这并不是要‘改变不好的地方’，而是优先实施更好的战略。”在得到被收购方同意后，尽量扩大业务，同时也优先推进今后的收购战略。

# 石川康晴的观点

**“品牌改革需要花费时间”**

我一直很重视经营的效率，不过也有一些事情“需要花费时间认真思考”。

其中之一便是品牌改革。我认为一家品牌如果不在3~5年时间里进行一次巨大改革的话，是无法在市场中存活的。对服装企业来说，经典品牌也并不意味着就可以高枕无忧了。我从20岁开始进入这一行业，看到无数服装企业要么缩减规模，要么直接破产。我深深体会到品牌生命周期的短暂性。

在对品牌进行大幅度改革时，我通常会花费一年左右的时间进行考虑。其中差不多会将自己的想法写成20次左右的草稿。究竟需要摧毁什么？需要创造什么？我会采访各种各样的人群，收取定量的数据，在观察同行业或是不同行业的市场时，思考“怎样进行改变”“怎样改变才能获得四五年的生命”。其中，从“运动风”到“自然可爱风”，从“少女可爱风”到“冷艳成熟风”等等创新就显得尤为重要了。无法进行商品改革与商品创造的话，就无法幸存至下一舞台。

品牌改革所改变的不仅仅是商品，它会改变理念、开店地址、价格、宣传、顾客层等等各个方面。此时先建立“这儿应该会有目标”的假设，然后思考达成目标的方法，对品牌进行再构建。我会与干部们多次商谈，在征得所有人的同意后才实行改革。

为什么需要改革呢？因为我认为随着时间的流逝，品牌会与顾客一样年龄逐渐变大。如果一直保持不变的话，新接触品牌的年轻顾客会越来越少，这样品牌受众的范围也会缩小。因此，需要定期为品牌的中心顾客层进行翻新。Cross Company 正是通过这种方式来延长品牌的寿命。不过，翻新品牌也意味着与以前的中心顾客层逐渐疏远。因此，Cross Company 会扩大品牌间的产品组合，以便推进顾客层的过渡。

## 通过“日中集中战略”加速海外事业

Cross Company 海外战略的中心是中国。

石川社长有一段时间亲自“赴任”上海，站在第一线进行指挥。

即使是在 2012 年 9 月亲身经历了中国的反日示威，石川社长依然提出集中在日本与中国开展业务的战略，如车之双轮加速并进。

Cross company
的中国办公室

Cross Company 不仅在日本国内，还在亚洲、美国、欧洲销售商品。

其中，Cross Company 尤其重视的是亚洲市场。继台湾之后，2011 年公司正式进军中国大陆，顺利地推进业务发展。2014 年的目标是在中国大陆的店铺达到 100 家，将来的目标是达到 1000 家店铺。

石川社长在公司进军中国大陆时，2011 年曾亲自“赴任”上海。在当地事业走上正轨之前的大约两年时间内，石川社长一直频繁往来于中国与总公司所在的冈山以及总部所在的东京三地，亲自进行指挥。在这两年内，石川社长合计约有一半时间是在中国度过的。

大家也许会认为这样“相当不容易”，不过从上海浦东机场到与离总公司很近的冈山机场只需要 2~3 小时。而从冈山到总部所在的东京的话，乘坐新干线则需要 3 小时 30 分钟左右。石川社长说：“我感觉与在冈山与东京之间来回完全没有任何区别。”

## 速度感极为重要

“赴任”中国的原因有两点。第一是为了提高经营判断的速度。

欧美与亚洲等世界各地的服装企业都为争夺中国市场而煞费苦心。在上海等地，店铺选址比日本更加重要，而且许多百货商场的租金甚至比日本更高。在热门的商业设施中，开店需要等待数百号已是见怪不怪的事情了。

为了在竞争中胜出，速度就显得极其重要了。如果获得有希望开店的信息，而当地的负责人需要“向日本高层请示”的话，机会便转瞬即逝。除非决策者身在中国“现在就动身去看看”，当场做出决定，否则无法战胜竞争企业。

录用人才也是一样。优秀的人才总是有很多企业争夺，因此需要马上做出决定聘用。考虑到未来，人事方面的本地化是必不可缺的，公司需要迅速聘用可以成为各大部门领导的人才并进行培养。上海 1 号店的所有员工都是大学应届毕业生，石川社长作为“社长兼店长”也亲自奔赴店铺。

“赴任”中国的另一大原因是感觉的本地化。

## Cross Company 的海外发展
## （2013 年 10 月，包括批发地区）

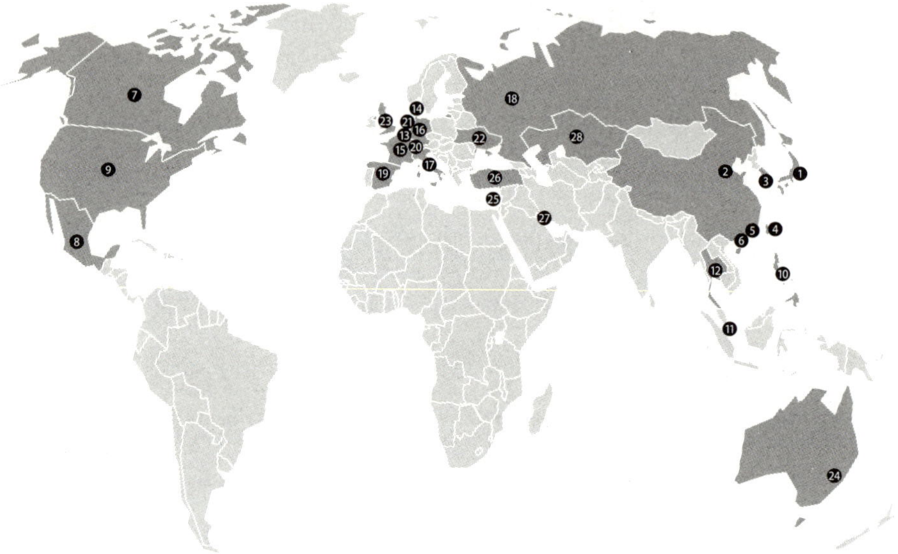


❶日本
❷中国大陆
❸韩国
❹中国台湾
❺中国香港
❻中国澳门
❼加拿大
❽墨西哥
❾美国
❿菲律宾
⓫新加坡
⓬泰国
⓭比利时
⓮丹麦
⓯法国
⓰德国
⓱意在利
⓲俄罗斯
⓳西班牙
⓴瑞士
㉑荷兰
㉒乌克兰
㉓英国
㉔澳大利亚
㉕黎巴嫩
㉖土耳其
㉗科威特
㉘哈萨克斯坦

在正式进入中国市场之前，石川社长与许多曾经在中国发展的日本企业经营者交谈时，听到了许多“中国市场很奇怪”之类的声音，没有任何人说中国是“最好的”。然而，中国人却对在中国的生活乐在其中。如果不能理解这种感觉的话，是无法进行商品开发的。无法理解中国就无法占领中国市场。石川社长认为应该实际居住在中国，去发掘中国的优点。结果，他发现了上海人的知性与感性都很高。比较中日感情丰富的年轻一代，上海无疑超越了东京。不仅不需要“教给他们日本的时尚”，反而从中受益匪浅，每天都感觉到“自己是挑战者”。

## 不能误认为有“13亿人的市场”

Cross Company在进军中国市场时，优先分析了市场结构。公司花费了半年时间考察开展的业务适用于哪一顾客层，最终将受众定位于“月薪5000元（约6万日元）以上的27岁OL”。居住在上海的OL平均月薪为4000元左右。因此，Cross Company的目标受众是比平均月薪要高20%-30%的女性。具体来说，是在外资企业工作，对时尚有着很大兴趣的富裕层青年。

公司规模在当地算是小众范畴，但日本与中国的规格完全不一样。经常会出现“中国的小众相当于日本的大众”的情况。上海1号店的全年销售额比日本国内平均值要高，达到了1.5亿日元（100平米）。可见中国的小众也是规模十分宏大的。

在明确顾客层的基础上，逐渐积累相应的战略。在上海、北京，对时尚的热情已从过去的富裕阶层蔓延至中间阶层。小众的概念也在逐渐发生改变，因此采取判明变化的战略是必不可缺的。

需要注意的是，不能误认为“中国=约13亿人的市场”。许多经营者被“中国人口为日本十倍的规模”所迷惑，感觉到会有开展新事业的可能性。

这种想法本身就是错误的。而且，13亿人实在太庞大了，不可能将所有人都视为顾客层。对于中国市场，如果被整体所迷惑的话，反而很有可能看不清楚目标的方向。

正因为如此，需要从年龄、收入、地域等各种角度切入，详细分析中国市场。这时会注意到中国人的生活其实是多种多样的。石川社长说：“应该从中找到符合自己公司特点的小众市场在哪里。”如果简单地认为“反正有那么多的人，总会有办法”的话，是永远无法攻克中国市场的。

## 为突行战略依次加以修改

Cross Company 在中国的业务并不总是一帆风顺的。当最初制定的战略不适合市场时，公司会不断地进行微调，加以修改，积累“突行战略”。

比如，当初的计划是以直营方式在全中国境内开设店铺。但由于中日两国的商业习惯差距很大，新店的进度并没有想象的顺利。1 年时间结束后，在中国仅仅开设了两家店铺。

转折点是将直营方式改成特许经营（FC）方式。通过改变开店方式，Cross Company 的战略视野得到极大的扩张。

在地方城市的发展也出乎意料地花费了大量时间。在上海、北京等大城市，销售额提高得比较顺利，而接着进军的成都、重庆等地方城市，销售额并没有当初预计的乐观。因此，公司从台湾请来店铺监管员（管理负责人），积极采取措施促进地方店铺的销售活跃化。除了彻底改善基础的待客服务以外，还通过重新整顿库存管理等方法提高了业务效率。

此外还重新评估了 FC 的合作伙伴。

Cross Company 听说“时装秀对品牌渗透十分重要”，于是举办了大规模的走秀，但是“完全没有得到任何反响。”石川社长指出像这样反复试验和经历失败，“通过失败积累了大量经验，也就意味着逐渐积累了通往成功的知识。”

同时，Cross Company 也掌握了如何选择当地的商业合作伙伴的诀窍。

## 通过日中集中战略，今后也会在中国积极推进业务发展

Cross Company中国1号店的开店情景

在中国的业务发展顺利。

中国的经营者有些喜欢夸口说大话。因此，日本人经常会感觉“不知道哪些是计划，哪些只是构想”“老是听这些大话，就不知道能不能真正信任他们了”。但是，如果就此打退堂鼓的话，在中国的业务就无法得到顺利发展。需要在理解中国人“说大话是理所当然的事情”这一基础上，判断“应该与哪名经营者合作”。

此时石川社长重视的主要是两方面。一方面是经营者家族的信赖感。在中国发展的最大问题是资金回收。为了不被卷入纠纷当中，除了合作企业的业绩与业务内容之外，另一个重点是“万一发生什么事情时，是否有可以信赖的家族”。

另一方面是考察合作伙伴是否“仅仅只会说大话”，看其“为了实现宏大的目标是否拥有改善的想法”。

话说中国的经营者有一种首先指出对方弱点的倾向。尽管有些费事，但石川社长还是姑且接受他们的建议，自己率先进行改善。在此基础上，告诉对方“我们已经进行了改善，接着轮到你们了”。此时，“为了实现宏大的目标而拥有强烈的改善意识”的经营者会积极接纳日方的建议，推进经营改革。这种人便是积极向上、值得合作的经营者。这种经营者尽管也喜欢说大话，但由于其具备改善力，可以踏实地积累知识。

尽管如此，由于经营者夸下海口，有时无法实现以合同为前提的数字，结果甚至会对日方说“希望你们重新考虑合同内容”。这种事情在日本是难以想象的，但在中国并不罕见。对此，石川社长说：“合同书只是暂定的，如果有什么情况发生时会进行商谈，重新改签新合同。”有些日本人一听说要改变合同就受到强烈的文化冲击，认为对方“不可信赖”。但是这样的话业务就无法开展了。想要在中国顺利发展业务的话，甚至需要拥有自己主动与对方商谈修改合同的魄力，否则在夸海口的经营者比比皆是的中国市场是无法立足的。

最近，由于中日两国之间政治方面的摩擦，一些日本经营者认为“在中国发展已经不行了”“要从中国撤资了”。但是，石川社长的思路恰恰与其相反。Cross Company 今后将正式采用“日中集中战略”，加速在日本与中国开设店铺。其目标顾客群的年轻一代中，许多人“就像无论如何都不会讨厌哆啦 A 梦一样，一直喜欢着日本的时尚”。正因为如此，如果不再向今后 30 年都会不断成长的中国市场投资的话，将来很有可能会损害公司的利益。石川社长说：“既然我决定要在中国发展，就会考虑到所有风险，并一一采取对策。”

## 石川康晴的观点

**“在2012年9月反日示威的呼喊声中，我下定决心在中国发展业务。”**

说实话，在正式推进发展中国业务时，面对2012年9月日中两国之间日益紧张的政治关系我还是“感觉很吃力”。当时我暂居上海，本来打算在2012年9月到11月期间开设11家店铺。9月1日成都店铺开张时，我已经感觉到“与平时的氛围不大一样”了，接着武汉店铺开张时，我亲眼看到反日示威游行路过店铺所在的商场，参加示威游行的3人甚至闯入了商场里。

紧张感日益加剧，之后在北京开店时，除了所在商场的保安以外，公安局便衣警察也加入了警备工作。开店时举办了音乐会活动，就连主办公司的社长都没能进入会场，最后只能从舞台照明的房子里观看活动情况。在南京，出于“观望时机”的考虑等等，开店时间延期到了11月。

当时，街头巷尾的气氛都不允许人用日语说话，其他日资企业的驻中日本法人社长与部长几乎都回国了。许多日本人取消了来中国出差的计划，我甚至感觉到“只有自己留了下来”。

尽管如此，我还是认为“正是在这种时候我才不应该回国”，于是选择了留在中国。我一直在观察日本、中国对反日示威的报道，同时直接聆听 Cross Company 的年轻顾客与员工们的声音。

很久之后我才发现，那年 9 月是我自“驻”上海以来待在中国时间最长的一个月，一共待了 22 天时间。在中国当地每天充满紧张感的日子对经营者来说也是磨砺胆量的极佳机会。

9 月结束后，我再次下定决心“今后也要在中国发展”。

在聆听各种谈话时，我发现许多人“一直非常喜欢日本的时尚”，这些人认为示威游行的有些过激行为是不当。而且，今后巨大的中国市场必然会向前发展。正因如此，我才选择同时在日本与中国加速开店。为了达到这一目标，我会考虑到所有风险，并一一采取对策。我认为 Cross Company 需要进一步融入到中国社会中去。

COLUMN

## 身兼社长与学生双重身份，学习经营理论

石川社长在做好经营者本职工作的同时，还通过冈山大学经济学院的社会考试入学。他从繁忙的工作中抽出时间上课，并于2013年毕业。

入学的契机是在事业发展的过程中，石川社长希望扎实地学习经营理论。石川社长在开始创业时，期望是“创建一家销售额在30亿日元左右规模的公司”。然而，Cross Company的发展已经超过了当时的期望，销售额顺利超过了50亿日元，很快接近100亿日元。

到了这一阶段，石川社长在商业活动中遇到的经营层逐渐发生了改变。当初周围大多是中小企业的经营者，但慢慢的大企业社长越来越多，当意识到这一点的时候，他发现与日本代表性企业的经营者的会面增加了许多。石川社长回顾当时的情况说：“我在和他们交流的过程中，发现自己完全不能引出话题。现在公司的发展已经超过我自己的能力了，我担心有一天是不是会失控，如果我作为社长还是停滞不前的话，公司是不是也会难以前进。”

石川社长高中毕业后，在商业学校学习过一段时间后就进入了社会。数年后他创办了 Cross Company，开始自己经营事业。当他心生苦恼之后，阅读了许多书籍，参加了不少经营者的演讲会，深感“没有经营理论作为武器的话，无法制定正确的战略，也无法进行正确的管理。我需要扎实地学习经营学。只有自己成长了，才能让公司进一步成长”，于是他考入了冈山大学。

在读期间，石川社长深入学习了市场营销、财务理论、宣传理论、组织战略理论等经营理论。就这样，石川社长将经营者在经验中实践过的知识在理论体系中重新定位。此外，通过学习之前从未接触过的经营学理论，掌握了不少“新的话题”。

石川社长还注重与年轻学生们积极地交流。他频繁地参加演习课结束后在居酒屋的聚会等活动，和学生们攀谈了各种事情。不仅如此，他还学习了“穿什么衣服来上课”“大学的就业中心在什么地方张贴哪些招聘启事、给学生提出哪些建议”等方面的知识。石川社长说：“作为以年轻人为顾客层的服装经营者，融入年轻人的生活对我来说是十分重要的市场调研。今后我也会以各种形式重视与大学及学生的接触。”

第4章

# 经济成长与社会贡献的平衡

为了生产地区与消费地区的发展，将利润的1%使用于CSR活动，通过执行这一方针，同时兼顾经济成长与社会贡献。

在创业地区、总部所在的冈山，也致力于各种活动。

# 一直思考可以为社会做些什么

Cross Company 提出每年将纯利润的 1% 返还给生产地区与消费地区的方针。

不光是在日本国内，在中国等地也举办了各种各样的活动。

员工访问中国科尔沁沙地，举办绿化活动

Cross Company 在制造、销售商品的地区推进了为社会做贡献活动的方针。并且制定了具体数值目标，将纯利润的 1%用于社会贡献。石川社长说：“作为企业的社会性责任（CSR），我希望公司同时实现经济成长与社会贡献。”

其中一环便是在中国内蒙古自治区科尔沁沙地实施的绿化活动“one tree”项目。

中国内陆地区的沙漠化现象日益严重，影响的也不仅仅只是中国。黄沙多次侵袭日本，细颗粒物 PM2.5 也成为了巨大问题。因此，日本对中国的环境问题十分关心。

沙漠化的原因不胜枚举。其中工厂设备的新设与增设所伴随的开发也是原因之一。Cross Company 在中国设有生产基地，因此不能对环境问题视而不见。石川社长说：“既然我们在中国生产制造商品，就有为中国社会做出贡献的义务。”

“one tree”项目的科尔沁沙地位于距日本约 1500 千米的地区，当地沙漠化每年都在加剧。Cross Company 的员工直接从日本去往沙地进行植树活动。参加的员工包括店铺工作人员和总公司、总部的工作人员等等。他们用铲子铲土，用传水桶的方式打水。自 2010 年开始植树项目后，至今大约种植了 3 万棵树木。

为了管理种植的树木，Cross Company 通过 NPO 雇用当地人为管理员，构筑了支持树木生长的体制。而且公司每年都会花费 700 万 ~ 800 万日元的成本在“one tree”项目上。未来的目标是种植 8 万棵树，建立六个东京巨蛋大小的“earth music & ecology 森林”。

参加“one tree”项目的员工说：“有些事情必须自己亲自去做才能体会得到。我觉得亲身体验到课题的存在是十分重要的。”“现实只有用眼睛去观察才能体会得到，而且只能传达给亲眼看到的人。我觉得最重要的是今后将这些告诉更多人。我想将这一经历带回工作岗位，并告诉整个社会。”“和当地人一块工作，看到了他们的笑脸。我会好好珍惜这次的经历。”

## 在反日示威的风潮中，在中国推进绿化活动

2012 年 9 月，中国各地的反日示威活动迎来了最高峰。然而，Cross Company 有大约 40 名员工从日本飞往科尔沁沙地参加“one tree”项目。

## 不光是出钱，而且亲自在当地流汗出力

在中国内蒙古自治区科尔沁沙地实施绿化活动“one tree”项目。员工在当地流汗植树

在出发前，员工的父母兄弟都有些不安，担心“是否会出现安全问题”。对此，石川社长向他们解释说：“中国的情况并没有媒体报导的那样不稳定。我作为经营者可以向你们保证安全。”在此基础上，“如果有人不愿意去的话，可以拒绝参加”。最终没有一名员工拒绝参加这一项目。

在乘坐巴士去往植树沙地的途中，曾与示威游行队伍擦身而过。但是当时并没有发生任何纠纷。员工们在当地挥汗劳动，按计划完成了 4 天的植树活动。

为了让更多的人了解 Cross Company 在反日示威中的努力贡献，公司在中国版 SNS（社交网站）上及时报导了植树活动的情况。中国社会的反响极其强烈。当地人发送给 Cross Company 表示“支持”的邮件不计其数。

石川社长认为：“踏踏实实地举办活动并且坚持下去才是最重要的。通过这些努力，如果能让企业被当地社会所接纳的话，今后就算再次发生反日示威之类的事情也能降低被卷入其中的风险。”

Cross Company 在正式推进中国业务发展的过程中，2014 年计划让在中国工作的中国员工也参加“one tree”项目，与日本员工一起加入沙漠的绿化活动。

## 将旧牛仔裤粉碎，用作绿化资材

当然，环保活动不仅仅只限于在中国举行。

总公司所在的冈山县以生产牛仔裤而著称。Cross Company 为了推进当地产业的活跃化与环保两方面工作，实施了“再利用牛仔裤+绿墙”项目，即将在店铺回收的旧牛仔裤粉碎，再利用为土壤壁板。

项目中所使用的土壤壁板是由 Cross Company 和冈山大学农学院共同研究开发的。将牛仔裤粉碎后的粉末与土壤等混合在一起，然后用聚酯纤维定型。由于其形状很方便处理，所以可以安设在多种多样的场所，比方说可以用于楼房的壁面绿化或者是屋顶绿化等等。

在位于冈山市的 Cross Company 总公司入口处，安设了用该土壤壁板制作的 6m×3m 的巨大“绿壁”。用于该项目的费用总额为 800 万日元，Cross Company 希望通过土壤壁板达到削减二氧化碳、降低温度的效果。

位于冈山市濑户内市的 Cross Company 冈山物流（物流设施）在 2010 年种植了 2010 棵树苗。为了提高环保意识，公司还举办了论坛等等，通过各种各样的形式致力于环保活动。

## 为东日本大地震实施雇用支援

在发生自然灾害时，Cross Company 也积极地参与灾区的支援活动，为社会做贡献。

在 2011 年 3 月 11 日发生的东日本大地震中，Cross Company 有 190 家店铺受到地震与海啸的影响。从地震发生两天后的 13 日开始，Cross Company 举办了将约 7000 件冬季衣物提供给灾区群众的活动。石川社长回顾当时的情况说："就算只有 Cross Company 幸存也无济于事，我想积极地支援受灾地区。"

自地震发生两周后的 26 号开始，石川社长亲自奔赴福岛和宫城，走访了很多受灾员工的家。在与员工家人交谈时，听到许多诸如"弟弟的录用被取消了""因为地震而被公司解雇了"之类的声音。调查后发现，有数据显示大灾害之后的失业率会上升。

## 为东日本大地震实施雇用支援

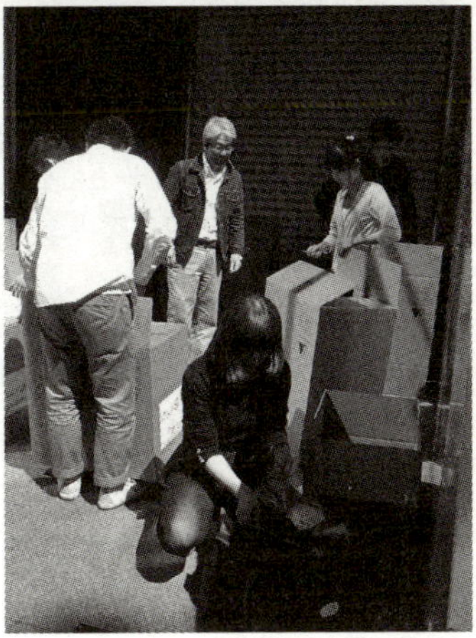

东日本大地震后，通过东北地区特别录用方案而社招入职的石井槙穗（左）、三浦真理子（右）。两人都担任了店铺负责人。地震后不久开始了向灾区捐献救援物资的活动石川社长考虑道："为了解决在受灾地区出现的课题，Cross Company需要更加深入地进行支援活动。"因此，Cross Company立即着手对因地震而失去工作的人进行雇用支援。公司成立了100人规模的东北地区特别录用方案，于地震发生两个月后的5月11日在仙台市进行面试，当场便陆续决定了社会招聘的员工。同时还决定实施以受灾地区的大学毕业生为对象的特别支援方案，录用30名应届毕业生。而且在决定入职后，公司会全额负担员工在工作地区的职工宿舍、搬家费用以及之后的住宅费。同时还采取一系列措施，让入职一年半后希望回到地方店铺的员工可以调任地方。当时录用的员工当中，许多人成为了店铺负责人，为公司做出了极大贡献。

出身于仙台市的石井槙穗（26岁）一开始被一家皮包销售公司的店铺录用，然而该店铺由于地震而受灾严重，她得到通知"没法聘用了"。在苦恼时，她得知了Cross Company的社会招聘信息，于是前往应聘，结果顺利得到录用。石井回顾当时的情况说："由于地震的混乱，完全找不到就业的门路，在这种情况下能够找到工作真的很开心。"在仙台市的店铺工作过一段时间后，现在她被调往面向年轻女性的"E hyphen world gallery”新宿 Mylord 店（东京新宿），并担任店铺负责人。

出身于仙台市的三浦真理子（31 岁）曾经在其他服装公司有过销售经验，地震发生时，她正准备寻找下一份工作。这时她看到 Cross Company 的社会招聘信息，于是前往应聘。三浦被聘往首都圈的店铺。她说：“我当时感觉有点舍不得仙台，但是我想，首先自己好好工作也是为重建家乡付出的努力。”现在三浦在面向成熟女性的品牌“YECCA VECCA”lumine 大宫店（埼玉市）工作。

为了支援受灾地区，地震后公司开始全面启动了“全球（Clover=Cross Company+love+ring）项目”，该项目直到现在仍在继续。店铺和总公司的员工都佩戴着象征着幸福的四叶草徽章。

项目在店铺等地方发动了募捐活动。募集的资金赠送给 NPO 法人“南三陆缝纫机工厂”，作为宫城县南三陆町受灾的女性们的工厂设立资金，希望让她们能够达到经济上的独立。该工厂的建设已经开始动工，目标在 2013 年年内竣工。

2012 年 9 月，中国云南省等西南地区发生地震，Cross

Company 马上发售了慈善商品。在反日示威进行得最为激烈的时候，Cross Company 做出了将销售额捐献给受灾地区等许多工作。石川社长说：“今后我们也会坚持进行社会贡献活动。这才是企业应尽的职责。”

## 石川康晴的观点

**“让员工参加公益活动，体验让他人快乐的经历。”**

我在许多场合都被问到过这么一个问题，“对 Cross Company 来说，社会贡献究竟意味着什么?”

对于这个问题，我总是回答说:“我的经营哲学就是兼顾经济成长与社会贡献。”“哲学”这个词听起来或许有些夸张，但我的确是十分执着于社会贡献。我认为企业不光要追求发展，而且应该为商品的生产与销售地区做出贡献。这并不仅仅只限于国内，在海外也是一样的。

接着我还被问到过:“那么你能否告诉我 Cross Company 是如何将社会贡献与‘赚钱’这一企业活动的原本目的结合在一起的呢?”

关于社会贡献的意义，我的确可以从许多方面进行解释。但遗憾的是，现今并不存在“做社会贡献与公司赚钱有关联”的逻辑。

即便如此，我依然希望今后的 Cross Company 坚持在社会贡献方面的努力。

简单地说，企业的社会贡献会让地区和社会快乐，仅仅是这一点就足够了。正因为如此，Cross Company 才会致力于实现将纯利润的1%用于消费地区与生产地区的社会贡献这一目标。

如果问起是否所有员工都能理解社会贡献的意义时，说实话我觉得“只有半数人理解”。还有好些员工不明白“为什么要参加这些活动”。

我希望让这些不理解的员工们也以各种各样的形式参与社会贡献，让社会不断地获得快乐。我认为通过这一努力，可以让更多的员工理解社会贡献的意义。

## 不忘记对创业地冈山的感谢

石川社长一直十分重视创业地冈山。如今 Cross Company 已经发展成国际性的企业，但他依然没有将总公司迁移出冈山的打算。

不光是以 Cross Company 的名义，石川社长还以个人名义在冈山展开了各种各样的活动。

JR 冈山站附近的 Cross Company 总公司

Cross Company 是由生在冈山、长在冈山的石川社长于1994 年在当地创建的。

当时的业务是从海外购买服装再进行销售。据说在创业艰难的时期，顾客中有人被石川社长奋斗的身影所感动，不惜购买稍有污垢的衣服。许多人以各种各样的形式支持着公司起步。

1999 年，Cross Company 创建"earth music & ecology"品牌，并转型为 SPA。作为 SPA 开设的第一家店铺也是在冈山市。公司得到当地网络的大力支持，事业顺利地走上正轨，之后开始在全国开设店铺。

石川社长至今依然忘不了当时的情景。他说："正因为冈山人支持着我，我才有了今天的事业。我必须将这些告知那些不了解过去的员工们。"

正因如此，尽管 Cross Company 的业务已经发展为全球规模了，但 Cross Company 总公司依然设立在冈山，而且今后也没有迁移的打算。

## A 级美食与音乐让村庄振兴

石川社长说："不能光是 Cross Company 一家企业独大，

而让整个创业地都衰退下去。我希望公司能让支持我们事业的冈山人一直都愉快开心。”因此，Cross Company 以公司以及以石川社长个人名义，为冈山做出了各种各样的贡献。

比如，Cross Company 为位于山区、人口持续过少化的新庄村做出的贡献就是其中一例。

新庄村位于冈山县西北部与鸟取县交界的山区。过去曾经是连接冈山与出云大社（日本最古老的神社之一。——编者注）的出云街道的驿站小城，景象十分繁华，如今村庄的中心地区还残留着洋溢江户时代风情的街道。春天一到，沿着旧街道种植的“凯旋樱”盛开，村内风景优美，还加入了 NPO 法人“日本最美的村庄”组织。

然而，即使是正在修建高速公路的现在，从冈山市开车到新庄村还需要花费两小时左右时间，村庄地理位置十分偏僻。因此，随着时代的变迁，以年轻人为主离开村庄的人越来越多，现人口只有约 900 人。新庄村是冈山县人口过少化发展得最快的村庄，同时人口急速向高龄化发展。

## 为创业地冈山山区的振兴做出贡献

冈山县内的日式酒家与人气西餐馆在新庄村开店。通过美食与音乐促进地区的繁荣发展。石川社长与新庄村村长笹野宽

一直期望为冈山做贡献的石川社长得知了地区所面临的课题后，对村庄产生了兴趣，并通过多种形式与村民们进行了交流。走访了几次村庄后，石川社长深刻地体会到了美丽的自然、美味的食材等村庄富有的魅力。

能否通过服装企业所培养的独特品味，让更多的人认识到村庄的魅力呢？石川社长从这一构想出发提出策划案，Cross Company 于 2013 年 8 月，在新庄村举办了为时两天的美食与音乐活动——“清凉冈山节”。

沿着村庄中心那条颇具历史渊源的旧街道设立了美食区，其中冈山县内著名的日式酒家 Yasushi 店、意大利、法国人气餐厅等等美食小铺鳞次栉比。“B 级美食”在最近的村庄振兴中风行一时，而石川社长为了提高活动的质量，“清凉冈山节”坚持致力于真正的 A 级美食。尽管这些店铺几乎没有参加过室外活动，但在石川社长的联络筹备下，成功地开设了小铺。小铺的设计不是“路边摊”风格，而是十分追求品味。各家店铺也都注意菜单的食材使用村里的蔬菜和糯米等等。石川社长说：“通过让大厨与农家直接接触，让农业焕然一新。”

同时，从傍晚开始在附近新庄河沿岸的河川公园举办现场音乐会，并请来著名歌手。舞台与河流周围用蜡烛等装饰，营造出会场的热烈气氛。

许多家庭、年轻人和女性团体前来参加活动，其中有不少人是“首次访问新庄村”。村民们也来到活动会场，在与过去的振兴村庄所不同的优雅氛围中享受活动。笹野宽村长笑着说：“许多人来村里参加活动。我觉得这能成为让村民们对村庄感到自豪的契机。”

Cross Company 通过“清凉冈山节”，通过艺术的力量让山区获得了活力，并将其定位为“‘冈山’艺术之桥项目”的一部分。今后的计划是将新庄村的古朴民家改造为客栈以及餐厅，此外石川社长还梦想着在县内建立一家美术馆。像这样，Cross Company 通过自己独特的方法致力于解决家乡山区的课题。

## 2000 人参加大扫除

Cross Company 在每年 4 月与 10 月，会在冈山站周边等地举办将近 2000 人志愿参加的地区清扫活动——“环保清扫节”。

参加该活动的不仅仅只是 Cross Company 的员工。Cross Company 呼吁周边的公司、学校与团体也来参加，推动了活动范围的扩大。J-league Fagiano 冈山的员工以及因为“是 Cross Company 旗下品牌的粉丝”而参加活动的人络绎不绝。石川社长也亲自参加每次活动。

举办活动的当天早上 8 点 30 分，身穿统一背心的参加者聚集在冈山站附近的广场。Cross Company 免费提供背心与军用手套。在大约一小时的时间内，参加者们纷纷为了清扫活动而挥汗如雨，他们或是手拿着垃圾袋拾捡空罐子与烟蒂，或是打扫落叶。

开始“环保清扫节”的契机是自治体举办的清扫活动。石川社长感觉到“塑料瓶等等明显是年轻人丢弃的垃圾越来越多”，他说：“如果 Cross Company 的年轻员工丢弃垃圾，让当地的老人捡拾的话就不好了。那么就用自己的力量来打扫吧。”如今不光是冈山市，在仓库、总公司也成立了支部，活动已经发展向冈山县内各大地区。

Cross Company 从 2013 年 4 月开始，在位于东京港区的东京总部也开始举办了“环保清扫节”。总部的 110 名员工加上港区的员工一起在总部附近的赤坂繁华街进行清扫活动。

石川社长说："我的基本构想是时尚界的成员不能污染地球。我希望不光是公司员工，还能让更多的人提高环保意识。"

## 通过"冈山奖"培养地区的卓越人物

除了以 Cross Company 公司名义，石川社长还以个人名义为家乡冈山的发展做出了极大的贡献。"冈山奖"便是对在冈山大显身手的年轻人以及出身于冈山、活跃在全国大舞台上的人们进行表彰的活动。该奖由石川社长成立并担任执行委员会会长。石川社长就设置该奖项的意图说道："我认为让冈山多多诞生卓越人物与地区的未来紧密相联。我希望通过打造积极向上的竞争意识与地区的连带感，让地区经济更加活跃，文化创造更加精彩。"

"冈山奖"分为"部门奖"与"特别奖"。部门奖是向各大行业的企业、团体发送大约 1.2 万份调查问卷，在其结果之上进行选拔。"特别奖"是由大学以及媒体相关人员所组成的选拔委员会选出。同时，选拔委员会从部门奖、特别奖的获奖者当中最终选出一名"年度最佳奖"。

## 培养地区的卓越人物

Vector公司的村川智博社长获得2013年冈山奖之“年度最佳奖”

在开始这项活动的时候，有一些反驳的声音认为1970年出生的石川社长过于年轻，“有资格来表彰别人吗？”但石川社长还是希望为振兴地区做出自己的一份贡献，因而坚持了下来。如今其已经发展成国会议员、县知事、大学校长、地区著名企业的经营者、媒体相关人员等联名举办、具有一定规模的大型活动了。

不过，这项活动并不让人觉得过于严肃。在大约1200人参加的会场中，舞台上一角设有DJ室，以极大的音量播放音乐，同时用激光营造出热烈而华丽的会场气氛。获奖者穿着晚礼服或是和服，从座席后方登场。他们与亲朋好友们组成的“亲友团”握着手，从花道登上舞台。

当选2013年“年度最佳奖”的是致力于再利用链的Vector公司社长村川智博。该公司创业于冈山，如今业务已经发展至全国范围，并且开设了供成人学习的“Vector大学”，这些与地区紧密相联的活动获得了极大好评。村川社长说：“我从经营者前辈们身上真的学到了许多知识。想要让冈山成为给予孩子们梦想与希望的地方，我们成年人的努力是极为重要的。我希望借获奖的机会让冈山更加积极向上。”

为了令冈山奖的意义更为远大，石川社长以参加活动的年轻经营者为对象每年举行4次“冈山奖私塾”。石川社长在私塾里讲述自己的创业经验以及发展业务的过程，同时还希望以各种各样的形式建立让经营者们可以互相交流的场所。

曾在百货店天满屋担任社长一职时就与石川社长相交甚笃的冈山县伊原木隆太知事评价说：“石川社长拥有很强的执行能力，这对冈山来说是相当鼓舞人心的。”

# 石川康晴的观点

**冈山是“诞生之城”**

**无法忘却创业之初每日的点点滴滴**

对 Cross Company 来说，冈山究竟是怎样的存在？或许会有许多不同的说法，但简单来说，冈山是“诞生之城”。Cross Company 生在冈山，长在冈山。

关于这一点，所有员工也都知道。但是，几乎没有几个员工了解公司创业初期的情况。正因为如此，我一直注意将公司起步时的情况告诉给管理者们。

我创业时经营的是一家只有 4 坪大小的店铺。从海外购买衣服再销售出去，当时只是一家不知名的小店，所销售的商品也是不知名的。如今我依然清晰地记得许多当时发生的事情。

比如，我收购的商品中，有一件夹克内衬被烟头烫了一个穿孔，但冈山的顾客依然愿意以原价购买。此外由于海外的商品有不少人试穿，我收购的高级 T 恤衣领旁边有许多口红印。但是冈山的顾客也没有介意。

我至今记忆犹新，被烟烧穿孔的夹克是 3.9 万日元。我觉得“这种状态的话 5000 日元都不想买”才是人之常情。留有口红印的 T 恤是 9800 日元，一般来说人会觉得“有这样的污痕打个对折吧”。

但是，顾客还是愿意原价买下。

当时那些顾客都异口同声地说：“小伙子，看你都快累倒了，这件衣服我就买下了吧。”那时我体形瘦弱，步伐不稳，脸色也苍白，或许看上去真的是快要累倒了。而正因为顾客们善意的理解和支持，才有了今天的 Cross Company。我绝不能忘记这些事情。

正因为如此，我希望将感谢的心情表达出来，并且一步一步推进为冈山报恩的活动。

COLUMN

## 20 年后达到 1 兆 5000 亿日元，“超过优衣库！”

1994 年以一家 10 平米左右的精品店起家的 Cross Company 在 1999 年转型为 SPA，获得飞跃性发展。预计在 2014 年 1 月期的合并结算中销售额将达到 1000 亿日元之巨。近十年来，公司的销售额翻了 22 番，取得了可喜的成绩。主打品牌“earth music & ecology”的销售额在日本国内青年女性休闲服饰品牌中占据顶级地位。

冈山总公司总务部的统管经理冈田泰治原本是石川社长弟弟的朋友，他回顾过去说：“石川社长从学生时代开始就热衷于时尚，当时就是有名的时尚通。”冈田先生因为有在服装企业工作的经验而入职总公司，那时总公司只是大楼里的一间小屋。当时的销售额只有 20 亿日元，受到石川社长的鼓励，他成为了推动公司发展的中坚人物。

目前，Cross Company 入职时间超过 10 年的员工只有 10 人。统管经理冈田泰治便是其中之一，他说：“当时没有仓库也没有物流，总公司里到处都是装着商品的纸箱。石川社

长从那时起就和现在一样十分重视经营的速度。当发展得顺利时，他会说‘赢了也要反省’并一直致力于发现并解决课题，这一点也是一直没有改变。”

**目标是用 20 年时间跻身于全球顶级企业**

石川社长拥有一个伟大的梦想，即在 20 年时间内销售额发展至 1 兆 5000 亿日元，纯利润达到 1000 亿日元，成为世界顶级企业。

虽然说是 20 年后的目标，但现在石川社长才 40 岁出头，20 年后也很有可能还站在第一线进行指挥。当然光是“因袭陈规”的话是不可能达到这一目标的。需要推陈出新地推进店铺发展，并且更加大力地实施 M&A。

石川社长说：“Cross Company 的规模只有优衣库所属的迅销集团的十分之一大小，作为经营者想要在 20 年时间内发展成 15 倍的规模，过程肯定不简单。现在两者的差距就像是乡下弱小的垒球队投手与在垒球联盟组织中大显身手的 Darvish 投手一样巨大。尽管如此，我还是希望花费 20 年时间，将 Cross Company 发展为超越优衣库的世界顶级企业。”

对话录

# Cross Company 战略

Cross Company 的优势到底在哪些方面呢?

《竞争战略的故事》的作者、日本一桥大学研究生院的楠木建教授与石川社长畅谈了许久。

Discussion

## 同时实现知性与低价两大重点

Cross Company 与其他服装企业的区别究竟在哪？从两人的谈话中，可以得知“知性与低价的结合”“成熟”“顾客持续力”等关键词。

楠木建

一桥大学研究生院教授

**楠木**：从结果上看，Cross Company 的发展一帆风顺。但是在发展过程中，Cross Company 也与国内竞争对手展开了激烈的竞争。其他公司应该也考虑到了 SPA、渠道、店铺选址、定价等等方面的问题。你认为在这种情况下，Cross Company 之所以取得良好的成绩，是在哪些方面具有优势呢？

**石川**：如果用关键词来回答的话，我觉得“先见性”或者“先行者的利润”是很大一方面。在青年休闲服装企业当中，我们几乎是最早转型为 SPA 模式的。在我创业时，服装界批发业比现在要发达很多，许多大型服装企业也都是以批

发为业务中心。这时，美国的 GAP 进入了日本市场，以 SPA 方式极大地提升了业绩。我参考了 GAP 的案例创建了 SPA 组织。

**楠木：** Cross Company 早期转型为 SPA，但之后过了十几年时间，SPA 已经成为普遍的经营方式了。在这种情况下，Cross Company 为何能够持续提高业绩？

**石川：** 对 SPA 来说，当销售额达到 20 亿日元左右的程度时，就可以组织起从上游到下游的供应链，同时也容易构筑品牌形象。而且 Cross Company 是从零售业起步的，具有一定的销售能力。比起那些一直与批发商打交道的大型企业来，Cross Company 从一开始就拥有自己的市场战略。同时，Cross Company 也一直拥有自己的品牌战略，所以在 1999 年——转型为 SPA 的 3 年后，销售额翻了 7 番，达到 22 亿日元。我认为在这一阶段就建立起率先转型为 SPA 的优势了。

## 率先在车站周边大楼与购物中心开店

在销售额向 100 亿日元发展的阶段，重点则是渠道方面的优势。当时服装企业开店的热门选址地点是百货商场，而

Cross Company 从那时就开始向车站周边大楼发展了。当时车站周边大楼并不起眼，很少有服装店入驻。甚至有人议论说："为什么百货商场的畅销品牌会入驻车站周边大楼？""这家公司已经完了。"但是，无论是从便利性来看，还是从铁路公司的投资动向来看，我都感觉"这一市场大有可为"。当初设计师对在百货商场里销售商品本身就很不满意，说是想要在代官山与惠比寿开店。我劝服了他，并且在车站周边大楼开设了数家店铺。我认为这一举措是极具先见性的。

**楠木：**在我的理解范围内，与其说是"先见性"，不如说同行业的其他公司都觉得车站周边大楼是"不合理"的渠道，谁也不愿意进入，所以从结果上看，Cross Company 就成为了先行者吧。

**石川**：Cross Company 从 2006 年开始向郊外型购物中心发展，当时我的同行们还没有在那儿开店的意向。但我分析了 30 岁前后的年轻主妇的生活风格，得知她们中不少人开始在购物中心周边购买公寓，搜寻物美价廉的服饰，于是决定在附近开设店铺。那时其他公司的同行们也纷纷不看好我的这一举动，但很快郊外型购物中心成为了热门的渠道，也成为 Cross Company 年销售额由 100 亿日元向 200 亿日元发展的动力。

Cross Company 从 2010 年开始播放电视广告。我事先询问了 6 名服装经营者："你们认为在电视里做广告如何？"当时他们异口同声地回答说："会不会有效果就像暗箱一样不得而知，而且也无法构造品牌形象，所以一定不要去尝试。"但是我认为"正因为所有人都反对，所以存在着可能性"。我研究了过去日本的电视广告以及海外的宣传方式之后，结果还是不清楚会有多少效果。但在研究美国的服装业时，我发现有数据表明知名度与销售额稍有关系。那么先不管销售额，光是通过电视广告提高知名度的话会出现怎样的反应？我开始进行了这一尝试。

从差异化的角度来看服装界时，我总因为商品无法保持差异化而心存不满。这一行业的门槛很低，而且需要业务外包，所以很容易就被人家模仿战略而被超越。正因为如此，我认为应该在人们不愿意轻易尝试的地方追求先见性。

**楠木：**我觉得你将服装行业根深蒂固地认为“毫无关系”的事情很好地联系在了一起。

我刚刚也说过，先见性的一大特点是事后回顾时可以特别确定。但是如果依靠先见性建立战略的话，从逻辑上来说很有可能是一场“赌博”。许多经营者由于先见之明而成功了，然而为什么从结果上来看，当时的策略会成为“先见之明”，这也是非常有意思的问题。

比方说，ZARA 在开始现在这种销售模式时，考虑的是“光是预测什么商品畅销的话总会有预测失误的时候，所以只要将畅销的商品卖出去就行了”。用赛马来形容的话，就是在第三个柜台买马券的战略，这正是快速时尚所采用的方法。相比之下，优衣库的战略故事则是“在自己的牧场购买绝对能优胜的马，只派出可以优胜的马的话，就能获胜”。Cross Company 的想法跟哪边更加接近一点呢？

**石川：**我觉得这两方面我们都顾及了。Cross Company 的特点是订购适当数量的商品，并有在店内将这些商品卖出去的力量。

以过去的案例为基础，很快就能算出理论上合适的商品数量。服装业很难突破这一局限。那么这时最重要的是如何融入创造性，我们一般需要花费两周左右的时间来进行讨论。

计算机无法在把握流行的基础上预测需求量。这正是我们工作的创造性，我的指导方法即是“去做只有人类才能完成的工作”。为了让员工同时拥有逻辑性与创造性，我总是询问：“你是电脑，还是人类？”

从某种意义上来说，品牌经理的说话方式已经模式化为：“从逻辑上分析是这一数字，再创造性地加入这一数字，合起来想要生产这些数量。创造性的背景是这样的假设。”在此基础上，我和管理者再进行判断。

## 两大商品群相乘

**楠木：**说起顾及两方面，比方说 UNITED ARROWS 既是一家精品店，又是自主企划商品的 SPA。这也算是某种异行结合，不过我觉得 Cross Company 的方向还不一样。

**石川：**最大的区别在于基本上商品都是 SPA 这一点。稍加详细解释的话，就是经典与流行的结合。

经典中比如“纤身显瘦小脚裤”这种合身而勾勒身材的小脚裤非常受年轻女性的欢迎，此外还发售了“可爱极限兜帽”的兜帽外套。同时，Cross Company 早早地掌握了纽约、巴黎等发布会的信息，并在市场销售流行商品。

根据两者不同的特点，甚至连生产方面也发生了改变。经典商品基本在东南亚生产，交货期长达 6~8 个月，采用的是长期的生产战略。而在中国沿海地区的工厂则通过 45~60 天周期生产流行商品。

**楠木：**像这样将商品分为两种类型，在光顾店铺的顾客看来，并不是单纯的“1 加 1 等于 2”，而是发挥了独特的相乘效应吧。

**石川：**比如说占 2014 年 1 月份预计销售额约 30%比例、达到 320 亿日元的“earth music & ecology”品牌，顾客的平均年龄为 26 岁。为了执行商品战略与构筑品牌形象，Cross Company 投入了强烈个性化的电视广告。同时，通过品牌名称中的 ecology，加入一种自然、环保的元素。

不过 Cross Company 所做出的努力不仅仅限于这些。比方说，“earth music & ecology”的 Japan Label 系列开始推出与初音 MIKU 相关的商品。随着 NIKONIKO 动画、漫画市场等等在十几岁青少年到二十几岁年轻人当中越来越流行，这一举措可以让新顾客阶层早日接触到品牌。

**楠木：**正如品牌名称所示，虽然说是销售服装，但重点还是放在生活风格方面。这与 Cross Company 从精品店起家的创业经历也相符。

我认为精品店是喜欢服装的人想要做服装生意时所想到的最为自然的形式。在欧洲的各大城市，有许多精品店都是代代相传的。您认为"earth music & ecology"的独特性在哪呢？

**石川：**可能说得有点抽象概念化了，我希望在"earth music & ecology"中同时实现知性与低价两大重点。我从丰田普锐斯汽车受到了很大启发。执行良品计划的无印良品与优衣库也有类似的特点。我们的目标是在青年服装这一块中实现知性与低价的结合。

**楠木：**Cross Company 作为一家服装企业，能从正面以知性为中心进行销售规划、品牌形象构筑，这是非常棒的尝试，也是其他公司所没有的特点。这便是消费成熟的国家特有的商务模式所具有的优势。这种构想在发展中国家的公司是不会出现的。

**石川**：我认为尤其是在低价市场，“知性”这一关键词可以变得更加全球化。实际上海外的店铺发展得十分顺利，比方说在中国 2012 年发生了反日示威活动，但销售额依然以每年 20%的速度在增长。

## “小众即是大众”的中国市场

**楠木**：具体来说，中国的消费者是怎样看待“earth music & ecology”品牌的呢？

**石川**：我觉得反过来说，“earth music & ecology”是“被讨厌的品牌”。因为品牌的设计是偏宽松的少女风格。而中国市场的中心是性感、酷的服装。

但是对巨大的中国市场来说，“小众即是大众”。也就是说，只要拥有与其他服装品牌不同的个性，小众的顾客群就会聚集而来。这样小众也就成了大众。自然可爱的服装是日本独特的商品，是欧美企业、韩国企业与本地企业都不会涉及的领域，所以在中国有着绝对性的存在感。由于“earth music & ecology”开拓了这一新的领域，所以在入驻 100 家店铺的上海商业设施中，能保持在第 4~7 名的位置。

**楠木：**我认为，对欧美的年轻人来说，穿着服装意味着“向大家展示美丽的自己”。而日本人穿着服装从过去江户时代开始就有“为了特定的事件而穿着”的想法。所以说两者从本质上喜欢服装的原因就不一样。从这方面来看，中国对服装的喜好比起欧美来或许更加接近于日本。

**石川：**的确如此。而且中国与东南亚许多人十分憧憬日本的生活风格。“earth music & ecology”作为日本青年服装的领头军，具有很大的优势。

**楠木：**我所在的研究生院有许多亚洲各国的留学生。当问起他们对日本哪些方面感兴趣时，多数人回答的是“什么都好吃”“治安好、很安全”等等。但我认为抽象地考虑本质的话，是日本已经迈入成熟的社会。从精神层面上来说是心情的宽裕与待人处事时的体贴和谐，这些方面是他们亲自来到日本之后就能感受得到的。当初也许认为“不过如此而已”，但回国时会成为日本的粉丝。日本企业应该更加积极地看待成熟社会的价值。

**石川：**我也有同感。大家对日本社会的成熟与热情好客十分憧憬，其中就包括食物、饮料与时尚。

**楠木：**比方说饮料，我觉得挺意外的是，装在容器中的饮料中除了矿泉水以外，伊藤园是世界第一家不加砂糖的。在其他国家通过“加入”创造价值时，日本通过“减去”创造新的价值。我认为这也是“酷日本”的一种表现。

**石川：**Cross Company 一直在中国进行绿化活动。我跟香港的合作伙伴提到这件事时，他们说：“种几棵树也改善不了环境。”我跟中国百货店总经理说了同样的话，他也说：“这的确是好事，但是我们自己去做也改变不了什么。”

尽管如此，Cross Company 中国店铺的年轻员工都感觉这是件好事。而且该活动还考虑请来当地的音乐家，品牌本身富有的“环保意识强”“知性”的印象也得以广为传播。目前我们还处于摸索阶段，看能否在这些方面塑造出不亚于亚洲等地 SPA 的品牌个性。

**楠木：**植树当然也是对社会做出的一种贡献，从结果上看，还可以在人们观念中构筑起品牌形象。这些观念会源源不断地融入顾客的脑海当中。

**石川：**Cross Company 假设说如果坚持有益于社会的公益活动的话，就将成为深受顾客喜爱的品牌。如果能做到这一点，其他竞争对手将会望尘莫及。因此，我们将纯利润的 1% 用于生产地区与消费地区的社会贡献活动。

## 为品牌之间创造顾客过渡能力

**楠木：**Cross Company 旗下还有许多其他品牌，品牌之间也会有一些差异，但主要顾客群都是年轻女性吗？

**石川：**基本上是这样的。不过，产品战略的中心是品牌组合策略。

Cross Company 开发的品牌主要受众是从青少年到 30 岁前后的主妇，面向从少女到少妇的顾客群展开业务。在此基础上，公司通过 M&A 与自主开发，加入了诸如“Thom Browne NewYork”“Kiwasylphy”等以 40 岁前后女性为中心的奢侈品牌。我计划在今后更加致力于品牌之间的关联。

在这一工作中的关键词便是“顾客过渡能力”。顾客在读初中时接触到 Cross Company 旗下某一品牌，我们尽量通过品牌的转移过渡，让其直到 40 岁后半段时间都能成为我们的顾客。如今社会由于 IT 化的发展，逐渐可以做到这一点了。

**楠木**：2009 年贵公司投资“Thom Browne NewYork”是出自怎样的动机呢？

**石川**：美国时尚杂志《VOGUE》的总编辑安娜·温图尔曾经就“Thom Browne NewYork”断言道：“其背负着今后奢侈品牌领域中男装的价值”。通过熟人介绍，我“非常希望让自己来经营”，于是收购了该企业。

我认为这次投资的一半资金是用于提升 Cross Company 的整体品牌形象，剩下的一半也有信心能在 3 年内得到回收。为了加强营销能力，“Thom Browne NewYork”通过再次投资、渠道战略、宣传战略使整体销售额达到收购时的 5 倍。我在 M&A 时会考虑到很多方面，但一般限定于收购后 3 年时间内有希望回收投资的企业。

**楠木**：您如何计划今后的资本战略？

**石川**：我的战略是联合集团达到 1000 亿日元的销售额，之后想要取得进一步发展的话，就要进军 M&A 与快速时尚业了。从这一意义上说，在这一时机要逐步调整资本战略，考虑到股票上市等情况。

# 结束语

本书描述了 Cross Company 创业以来的努力与经历，最后我想再次强调在创业经历中最为重视的事项。

我在创建 Cross Company 之前遇到了形形色色的人们，从那时就感觉到“经营因人而改变”。如果有优秀的课长，其管理的业务部门也会顺利发展。而没有能力的课长会让业务部门逐渐丧失活力。绝不是说公司“只要有了战略规划就一定能够一帆风顺地发展”。是否能够顺利发展与执行战略的人有着紧密的关联。正因为如此，我自己在创业时就希望建立一家真正重视人才的企业。同时企业名称也想加入与人相关的概念。

我考虑了许久，想到人们相互支撑，相互融合，这种融合会化成一种积极的化学反应，而这种化学反应会成为公司员工的工作动力。因此我将公司取名为 Cross Company。我创业时抱着将业务发展得很宏大的梦想，但并不是说一味只追求业务发展，我决定在珍惜每个人的基础上，将公司发展壮大。我创业时的心愿直到现在也一直没有改变。

我想强调的另外一点是我对经营的态度。由于我一直注重经营的高效性，所以有些人会误解我“是不是通过直觉进行判断”，但其实我是容易陷入苦思之中的那类经营者。

我的名字“康晴”来源于日本棋手大山康晴。我的祖父爱下象棋，他最喜欢的棋手便是出身于家乡冈山县的大山康晴。大山康晴喜欢的一句话叫“静思万考”，我也将这句话当成了自己的座右铭。这句话的原意是“从一万种棋的走法当中，冷静地思考最佳走法”，我将其解释为“从无数的商业战略及商业故事当中，选择自己应该走的道路”。我总是在考虑“是不是会这样”“或者应该是那样”“不对，不是那样，另外的方法或许会更好”等等。从这一意义上说，我的商业思维或许与象棋有着异曲同工之处。

今后我也会不忘记珍惜人才，继续通过静思万考来进行经营。

《摸过顾客的脚才能卖对鞋》：你所不知道的服务技巧，鞋子卖场销售的第一本书

定价：22. 00 元

《繁荣店的问卷调查术》：成就服务业旺铺的问卷调查术

定价：26. 00 元

《菜鸟餐饮店 30 天繁荣记》：帮助无数经营不善的店铺起死回生的日本餐饮第一顾问

定价：28. 00 元

《最勾引顾客的招牌》：成功的招牌是最好的营销，好招牌分分钟替你召顾客！

定价：36. 00 元

《会切西红柿，就能做餐饮》：没有比餐饮更好做的卖卖！ 饭店经营的"用户体验学"。

定价：24. 00 元

《制造型零售业——7-ELEVEn 的服务升级》：看日本人如何将美国人经营破产的便利店打造为全球连锁便利店 NO. 1！

定价：38. 00 元

《店铺防盗》：7 大步骤消灭外盗，11 种方法杜绝内盗，最强大店铺防盗书！

定价：28.00 元

《中小企业自媒体集客术》：教你玩转拉动型销售的 7 大自媒体集客工具，让顾客主动找上门！

定价：36.00 元

《敢挑选顾客的店铺才能赚钱》：日本店铺招牌设计第一人亲授打造各行业旺铺的真实成功案例

定价：32.00 元

《餐饮店投诉应对术》：日本 23 家顶级餐饮集团投诉应对标准手册，迄今为止最全面最权威最专业的餐饮业投诉应对书。

定价：28.00 元

《大数据时代的社区小店》：大数据的小店实践先驱者、海尔电器的日本教练传授小店经营的数据之道

定价：28.00 元

《线下体验店》：日本 “体验式销售法” 第一人教你如何赋予 O2O 最完美的着地！

定价：32.00 元

《医患纠纷解决术》：日本医疗服务第一指导书，医院管理层、医疗一线人员必读书！ 医护专业入职必备！
定价：38.00 元

《迪士尼店长心法》：让迪士尼主题乐园里的餐饮店、零售店、酒店的服务成为公认第一的，不是硬件设施，而是店长的思维方式。
定价：28.00 元

**更多本系列精品图书，敬请期待！**

图书在版编目（CIP）数据

服务的细节 023：女装经营圣经 /（日）石川康晴 著；日本 Nikkei Top Leader 编；李斌瑛 译. —北京：东方出版社，2015. 1
（服务的细节）
ISBN 978-7-5060-7996-9

Ⅰ. ①服… Ⅱ. ①石… ②日… ③李… Ⅲ. ①女服—商店—商业经营 Ⅳ. ①F717. 5

中国版本图书馆 CIP 数据核字（2015）第 030106 号



服务的细节 023：女装经营圣经
（FUWU DE XIJIE 023：NVZHUANG JINGYING SHENGJING）

作　　者：［日］石川康晴
编　　者：［日］Nikkei Top Leader
译　　者：李斌瑛
责任编辑：吴　婕
出　　版：东方出版社
发　　行：人民东方出版传媒有限公司
地　　址：北京市东城区朝阳门内大街 166 号
邮政编码：100706
印　　刷：北京市大兴县新魏印刷厂
版　　次：2015 年 4 月第 1 版
印　　次：2015 年 4 月第 1 次印刷
印　　数：1—5000 册
开　　本：880 毫米×1230 毫米　1/32
印　　张：7. 25
字　　数：115 千字
书　　号：ISBN 978-7-5060-7996-9
定　　价：36. 00 元
发行电话：（010）64258117　64258115　64258112